用 文 字 照 亮 每 个 人 的 精 神 夜 空

数字经济时代
MBA口袋课

# 财务报表

〔日〕顾彼思商学院 著

〔日〕沟口圣规 执笔

代芳芳 译

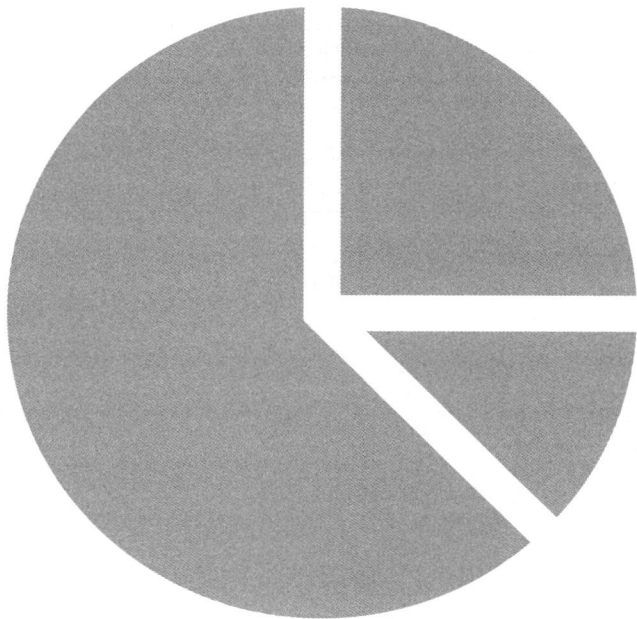

天津出版传媒集团

天津人民出版社

## 图书在版编目 (CIP) 数据

财务报表 / 日本顾彼思商学院著 ;（日）沟口圣规
执笔；代芳芳译 . —— 天津：天津人民出版社，2023.10
（数字经济时代 MBA 口袋课）
ISBN 978-7-201-19767-8

Ⅰ . ①财… Ⅱ . ①日… ②沟… ③代… Ⅲ . ①会计报
表 Ⅳ . ① F231.5

中国国家版本馆 CIP 数据核字 (2023) 第 171856 号

［POCKET MBA］ZAIMU SHOHYO BUNSEKI
Copyright  2018 by GLOBIS
All rights reserved.
First original Japanese edition published by PHP Institute, Inc., Japan.
Chinese translation rights arranged with PHP Institute, Inc., Japan.
through CREEK & RIVER CO., LTD. and CREEK & RIVER SHANGHAI CO., Ltd.
图字02－2022－188号

## 财务报表

CAIWU BAOBIAO

| | |
|---|---|
| 出　　版 | 天津人民出版社 |
| 出 版 人 | 刘　庆 |
| 地　　址 | 天津市和平区西康路 35 号康岳大厦 |
| 邮政编码 | 300051 |
| 邮购电话 | （022）23332469 |
| 电子信箱 | reader@tjrmcbs.com |
| 责任编辑 | 李　荣 |
| 封面设计 | 欧阳颖 |
| 印　　刷 | 北京金特印刷有限责任公司 |
| 经　　销 | 新华书店 |
| 开　　本 | 889 毫米 ×1194 毫米　1/32 |
| 印　　张 | 7 |
| 字　　数 | 115 千字 |
| 版次印次 | 2023 年 10 月第 1 版　　2023 年 10 月第 1 次印刷 |
| 定　　价 | 49.80 元 |

版权所有　侵权必究
图书如出现印装质量问题，请致电联系调换（022-23332469）

# 前 言

　　作为一名注册会计师，我在担任企业的会计审计、从事咨询业务的同时，也在顾彼思商学院教授会计课程，每年大约有500名社会人士来学习这一课程。

　　在参加MBA课程的学生中，也有不少人觉得"会计不好干……"。

　　"虽然以前会回避这个问题，但想到以后的职业前景便毫不犹豫地决定来上课。"

　　"本来对数字就不敏感……"

　　"实在是不擅长记忆那些琐碎的规则和专业术语。"

　　"公司年度研修时也学过做会计、簿记，但之后没有机会用，基本上都忘了。"

之所以有上面这些想法，可能部分是因为大家谦虚，但也实际反映出很多人为会计而苦恼。

从这些事例中也能看出，在日本的经济社会里，除了财务部等和数字相关的专业部门之外，对于一般的商务人士来说，很多人认为会计是和自己不相关的领域。

但是，会计原本就是商务活动中的沟通工具。比如，公司的经营者有责任定期向公司内外说明一定时期内如何使用股东等投资的公司外部资金来推动业务进展并取得成果。实际上，我们很难只用语言来说明，而且我们无法只用语言来正确地传达出语义，甚至还可能造成听者的误解。所以，使用会计制作的数据（财务报表）进行沟通，能有效地传递并且理解信息。从这一点来看，经营者和想成为经营者的人就必须了解会计。

那么，为什么有很多人为会计感到苦恼呢？其中一个原因就是很多人认为一旦开始学会计，就必须从1开始掌握所有知识。把门槛设定得过高，反而让自己远离了会计。

我把会计比喻为手机。即使不明白其结构也能使用通信功能。通常，我们只须了解自己需要的功能的使用方法就足够了。会计也是这样。即使不了解会计的细则，只要掌握了基本的思考方式，就完全能够读懂财务报表中的数据。

我在顾彼思的讲义中，并没有讲述数据的制作方法，也没有以数据的使用方法为对象讲述详细的知识，而是以会计的基本概念为基础，讲述了如何从数据中掌握公司的业绩和财务状况，并将这一信息灵活运用到自己将来的决策中，以及为实现这一目标而需要掌握的必要的财务知识和思考方法。

本书以我在顾彼思会计班讲授的内容为基础，向大家提供有效的方法，面向的是对会计感兴趣却不知道怎么学习的人、从财务报表的数据中品读公司前景的人、虽然掌握了一些簿记等会计知识但想系统学习会计基本知识的人等。

本书的内容大致分为第1部"财务报表理解篇"和第2部"财务报表活用篇"。第1部"财务报表理解篇"中，在理解"会计就在我们身边"（第1章）的基础上，再理解会计的基础规则和具有代表性的财务报表损益表（P/L）、资产负债表（B/S）、现金流量表的构成和要点（第2—6章）。

第2部"财务报表活用篇"中，首先，大家要理解通过财务报表来评价公司业绩时用到的便利工具——财务指标的种类和意义（第7章）。然后，灵活使用财务指标时，使用实际的公司案例来理解阅读数据的方法（第8章）。

这种情况下，不仅要理解财务指标中数值的优劣，还要明白为什么这些数据与公司的业务特性、商务模式有关联。

另外，有价证券报告书等公司定期公布的信息中也包含一些关于公司业绩和财产状况的有用信息。我们通过实际案例，来了解关于这些财务报表以外的有用信息的内容（第9章）。最后，以最近的会计动向为题，讲解了IFRS（国际财务报告标准）概要、IFRS和日本（会计）标准的主要差异和日本公司的IFRS使用状况等（第10章）。

本书涵盖了从经营者所需的会计基础知识到具体的数据读取方法等内容。因为一本书中包含了很多信息，所以本书内容仅限于和会计规则相关的基础规则等，大胆地省略了除此之外的规则和规定等详细内容。如果读者想了解自己感兴趣领域的更详细的知识，也可以把它当作专业的书籍来阅读。

快到开班上课的时间了，让我们一起来享受一下会计课程吧！读完这本书之后，如果大家能对会计感兴趣、变得想学习会计，本人真是荣幸之至。

# 目 录

# 第 4 章　B/S 的结构和要点

# 第 5 章　"选择"会计规则

# 第 6 章　现金流量表的构成和重点

## 第2部  财务报表活用篇

## 第7章  财务指标的种类和要点

## 第8章  在实例中分析财务报表

# 第9章　灵活使用财务报表以外的财务数据

# 第10章　计规则的国际标准

# 后记

# 第1部

财务报表理解篇

# 第1章

会计就在我们身边

## ◎个人生活也可以通过"会计"展示

首先，我们先放下晦涩难懂的会计话题，从身边的案例入手，以年轻人的生活为例来认识一下"会计"。

A君大学毕业后决定入职某大型家电制造企业。从此内心充满了"自己也成社会人了"的期待。我们来看一下他3月下旬开始为期一个月的行程。

3月25日

大学毕业典礼的时候，A君从父母和祖父母处获得了15万日元的毕业庆祝金。

3月27日

把学生时代开的汽车卖给了二手车市场，同时以全额汽车贷款的形式购买了价值250万日元的新车。贷款是5年分期（共60期、25000日元/月、10万日元/奖金*、5月10日第一次付款）。

---

\* 按照惯例，日本的企业每年会为雇员发放2次奖金（年金），提供贷款服务的机构会据此安排贷款者的还款计划，具体到文中的情况，即2.5万日元/月×60月+10万日元/次×2次/年×5年=250万日元。

3月31日

在大型家电量贩店购买了总计10万日元左右的家用电器，使用信用卡付款（1次付款/5月10日还款）。另外，购买了日常的生活用品合计5万日元（现金支付）。

4月1日

入职仪式。前天入住公司的员工宿舍（宿舍费用4万日元/月，从工资里扣除）。

4月15日

A君反应过来的时候，手里只剩下3万日元的现金了。他不知道自己能不能撑到发工资的日子，所以决定向父亲请求支援。向父亲承诺"挣钱后就还"后，才勉勉强强获得了10万日元的支持。

4月25日

第一次发工资，A君收到15万日元。虽然比预想的少，但抱着"投资自己"的想法，他决定换台新的笔记本电脑。考虑用25万日元买最新款的笔记本电脑，但已经很难再向父亲伸手要钱了。这时，A君突然想起了住在东京的叔叔。

"虽然以前不怎么交往，不过现在正是时候。试试找这个亲戚帮忙吧。自己到东京来工作，以后可能还有很多需要他帮忙吧。"他决定请叔叔帮忙提供资金支持。

那么，如果大家是 A 君的叔叔，会怎么应对这个请求呢？

假如他同意借钱给 A 君，大概也会追问原因吧？可能也有人会因为是自己的侄子，就不问缘由地借出钱，但这里我们还要更冷静地思考一下。

金钱是个人重要资产之一，借给别人钱的时候你会在意哪些事情？我认为最重要的应该是能不能全额（包括利息）还款。

在借钱之前，应该先和 A 君确认一些具体信息，包括现在的收入、借款额、钱的用途、每月能结余多少钱、还款计划等。

一般情况下，还钱的方式（怎么协调还款数额）有两种。一种是从每月、每年的收入和挣到的钱（流动资金）中拿钱出来还款。另一种是卖掉持有的土地、建筑物等资产（持有资产）来还款。

在 A 君借钱的例子中，每月的工资和生活费相当于流动资金、车和贷款相当于持有资产。无论 A 君有多少资产，把这些卖了去还款都是不现实的。最终能当还款保证的就只有每月的收入和费用等信息。

另外，这次借款的用途是什么？从银行贷款的时候也被问过借款的用途。之所以这样问绝不是因为感兴趣。

假如这次借款是为了投资自己的将来，比如为了提升商业技能、获得业务所需的资格证书而花费的费用，又会如何呢？这样一来，A 君的技能提升了，在公司内部的好评可能也会增加。最终升职、加薪、收入增加，也更有可能偿还贷款。

另一方面，借款作为游玩费用会如何？这种情况下，不必多说也知道还款的风险增加了。也就是说，询问使用方法、用途，实际上也是询问 A 君流动资金和持有资产的增加或者减少。

后面再做详细介绍，但在这个案例中，区分流动资金也就是"一定时期内资金的流动"就包含在会计的损益计算表中。另外，区分持有资产也就是"一定时间点的资产和负债的比例"包含在资产负债表中。

像这样，个人的日常生活也可以用会计知识展现出来。说到账单、账簿、会计，人们往往认为这是公司必需的东西而和个人无关，希望大家能感觉到这些也和个人生活密切相关，它们就在我们身边。

## ◎ 将事业"定量化"的好处

假如你是一名经营者，当被问到"事业进行得顺利吗"的时候，你会怎么回答？"总的来说经营得还不错"，这样定义式的回答有待商榷，其中的判断标准应该是"是否盈利（赚钱）"。

即使不怎么赚钱，可能也会有人回答"赚钱"；即使盈利颇丰，可能也会有谨慎的经营者回答"一直不赚钱"。

也就是说，回答者的主观意识影响着回答的结果。从世俗的观点来看，这样的回答并无不妥，但如果面对的对象是投资公司的股东和提供融资的金融机构，就不能这样回答了。不能掺杂主观意识，而是要客观地、定量化地展示如何盈利、盈利多少。

对于在金钱上和公司（经营者）利益相悖的人们，会计具有调整其利害关系的作用。公司里有很多人以各种不同方式和公司产生某种关系。这些人中有股东、金融机构、客户、职员等。像这样和公司具有利害关系的人，我们统称为企业利害关系人。近来，企业的社会责任（CSR：Corporate Social Responsibility）一词开始流行、传播，并有了具体定义，所以整个社会都变成了企业利害关系人。

对于这些企业利害关系人，经营者有责任定期汇报如何运用募集的资金、融资的资金以及增值多少。这是经营者的说明职责。

外部的企业利害关系人也能经常得到一些能适当判断公司财务状况的信息（实际上，很多时候很难获得足够的信息）。所以，经营者通过会计发挥说明职责的情况下，外部的企业利害关系人在刚开始就能够适当地把握公司业绩以及财务状况，从而决定是继续和公司保持关系或者解除和公司的关系。

◎ 熟练掌握"财务3表"

公司以一定的样式向企业利害关系人发布的业绩和财务状况，这就是"财务报表"。也有人称之为"决算书"，本书中将统一使用"财务报表"一词。

财务报表包括资产负债表、损益表、现金流量表、股东资本等变化表（以及和这些报表相关的注释信息），本书选取了财务报表中特别受关注的资产负债表、损益表、股东资本等变化表这3大报表。

首先，先来讲解一下3种财务报表各展示哪些内容。

### 1. 资产负债表（Balance Sheet：B/S）

表示在一定的时间节点（比如：决算日）里持有多少资产、持有总量。

希望大家注意，这里的资产也包括借款等负资产（负债）。比如，100的房产（资产）中包括50的房产贷款，这种情况下，扣除负债后，持有的资产是50。

### 2. 损益表（Profit and Loss Statement：P/L）

表示在一定时期内（比如1年时间）盈利多少。

### 3. 现金流量表（Statement of Cash Flow）

表示在一定时期内（比如1年时间）现金的增减情况。

损益表和现金流量表具有相似点，都表示在一定时期内的资金流通量。这两个的不同在于 P/L 表示利润，而现金流量表表示金钱。读者中可能会有人不明白"利润和金钱有什么不同"。实际上，利润和金钱是不同的。关于这个不同，本书将在后面的现金流量表一章（第6章）进行说明。

说到财务报表，您可能会想到某些难以理解的地方，主要集中在一定时期内的资产持有量和一定时期内利润以及金钱的增减。实际上，财务报表表示的意思非常简单。

# 第2章

日常资金往来在财务报表中的体现

在详细讲解资产负债表（以下称 B/S）、损益表（以下称 P/L）之前，让我们先从直观上来看看财务报表是如何依照资金往来而发生变化的。

## ◎ 用方块图来展示企业活动

我们暂时先不看详细规则，而是将企业活动分为两种。一个是资金的募集和获取，另一个是资金的用途。另外，资金的募集和获取在右侧，资金的用途在左侧。用图表来表示这一关系，就是图表2-1。

| 资金的用途 | 资金的募集、获取 |
|---|---|
| **购买的物品**<br> 例：商品、不动产、股票债券<br>使用的物品和服务<br> 例：销售成本、广告宣传费<br>未收回的货款<br> 例：应收账款、收据收条<br>现金以及存款 | 从股东处募集<br> 例：股本、未分配利润<br>从债权人处募集<br> 例：借款、公司债券<br>从进货处募集<br> 例：应付账款、支付票据<br>公司内部获取<br> 例：销售额 |

图表2-1

比如，购买、获得、采购商品。表达方法各不相同，但获取商品这一资产是指支付金钱以作为商品的补偿。也就是说，采购商品是"资金的用途"，所以写在左侧。与此相同，支付房租等经费也是支付金钱、是资金用途，写在左侧。

另一方面，从银行获得融资的结果是公司有资金入账。也就是说，融资是"资金的募集和获取"，所以写在右侧。与此相同，销售额也是公司有资金入账，是获取资金的一种手段，所以写在右侧。而且，把募集到的资金放在账户上，也是资金用途的一种，以"现金、存款"的形式写在左侧。

另外，在会计领域，数字上不是用万、亿这种日常使用的4位记录法，而是常常使用千、百万这样的每3位记录的方法。在方块图中，我们以千日元为单位来记录，也请大家习惯使用这种方法。

所以，我们一起来看看在进行下面这种资金往来时方块图会发生什么变化。另外，在这里，能明白"是变成这样吗"就可以了，也没必要记住"借款""股本"等名词。

**1. 股本300万日元创业。另外，从银行贷款1000万日元的营业资金。**

从银行的融资即借款1000万日元，以及股东出资的股本300万日元，都是资金的募集手段，记录在右侧。同时，因为获得了合计1300万日元的资金，所以在左侧记录为"现金和存款"。（图表2-2）

（单位：千日元）

| 资金的用途 | | 资金的募集和获得 | |
|---|---|---|---|
| 现金和存款 | 13000 | 借款 | 10000 |
| | | 股本 | 3000 |

图表2-2

**2. 花费800万日元购买了本公司经营店铺的建筑物，尚未付款。**

因为花费了800万日元购买了本公司经营的店铺的建筑物，所以作为获得资产以"建筑物"为名记录在左侧。另外，因为尚未付款，所以出售方正在等待我们支付费用（＝间接地从出售方募集了资金），以"未付款项"之名在右侧记录同等金额800万日元。（图表2-3）

（单位：千日元）

| 资金的用途 | | 资金的募集和获得 | |
|---|---|---|---|
| 现金和存款 | 13000 | 借款 | 10000 |
| 建筑物 | 8000 | 未支付金额 | 8000 |
| | | 股本 | 3000 |

图表2-3

### 3. 花费200万日元购买了商品的陈列架，用现金支付了货款。

因为新购买了陈列架，所以像刚才一样作为新获得的资产以"备用品"之名在左侧记录200万日元（陈列架大致可归类到备用品的范畴，所以这里写作备用品）。因为采购费用使用的是现金，所以从"现金和存款"中减去200万日元（图表2-4）。

（单位：千日元）

| 资金的用途 | | 资金的募集和获得 | |
|---|---|---|---|
| 现金和存款 | 11000 | 借款 | 10000 |
| 建筑物 | 8000 | 未支付金额 | 8000 |
| 备用品 | 2000 | 股本 | 3000 |

图表2-4

### 4. 花费600万日元的现金购买商品。

因为购买了商品，所以和刚才一样，作为新获得的资产以"商品"之名在左侧记录600万日元。另外，和刚才一样，采购费用是现金支付，所以在"现金和存款"中减去600万日元（图表2-5）。

（单位：千日元）

| 资金的用途 | | 资金的募集和获得 | |
|---|---|---|---|
| 现金和存款 | 5000 | 借款 | 10000 |
| 商品 | 6000 | 未支付金额 | 8000 |
| 建筑物 | 8000 | 股本 | 3000 |
| 备用品 | 2000 | | |

图表2-5

## 5. 将300万日元的商品卖了600万日元。

600万日元的商品中，因为销售而减少了300万日元的商品，所以商品减少了300万日元。而且，交给客户的商品价值300万日元，600万日元是销售额，所以300万日元是给消费的"销售成本"，记录在左侧。

而且，因为销售给客户的货款尚未收回，所以还不能记录为获得的"现金和存款"。预计近期收回的未回款也是资产，所以"销售额"记录为600万日元（图表2-6）。

（单位：千日元）

| 资金的用途 | | 资金的募集和获得 | |
|---|---|---|---|
| 现金和存款 | 5000 | 借款 | 10000 |
| 应收账款 | 6000 | 未支付金额 | 8000 |
| 商品 | 3000 | 股本 | 3000 |
| 建筑物 | 8000 | 销售额 | 6000 |
| 备用品 | 2000 | | |
| 销售成本 | 3000 | | |

**图表2-6**

## 6. 工资、水电取暖费等经费100万日元，现金支付。

工资、水电暖等经费都属于资金的用途，所以在左侧记录销售费用以及一般管理费100万日元。而且，水电暖费用组合记录为"销售费用以及一般管理费"。另外，用手里的资金支付了100万日元，所以从现金和存款中扣除100万日元（图表2-7）。

| 资金的用途 | | 资金的募集和获得 | |
|---|---|---|---|
| 现金和存款 | 4000 | 借款 | 10000 |
| 应收账款 | 6000 | 未支付金额 | 8000 |
| 商品 | 3000 | 股本 | 3000 |
| 建筑物 | 8000 | 销售额 | 6000 |
| 备用品 | 2000 | | |
| 销售成本 | 3000 | | |
| 销售费用以及一般管理费 | 1000 | | |

图表2-7

## 7. 支付借款利息50万日元。

支付借款利息也是资金的用途之一。所以，在左侧记录支付利息50万日元。而且，支付利息是金融交易，所以要区别于销售费用以及一般管理费，另记录为业务运营费用。

这是以会计规则为基础的划分，所以现在并不需要我们思考得太深。而且，用手里的资金支付了100万日元，所以从现金和存款中扣除50万日元（图表2-8）。

（单位：千日元）

| 资金的用途 | | 资金的募集和获得 | |
|---|---|---|---|
| 现金和存款 | 3500 | 借款 | 10000 |
| 应收账款 | 6000 | 未支付金额 | 8000 |
| 商品 | 3000 | 股本 | 3000 |
| 建筑物 | 8000 | 销售额 | 6000 |
| 备用品 | 2000 | | |
| 销售成本 | 3000 | | |
| 销售费用以及一般管理费 | 1000 | | |
| 支付利息 | 500 | | |

图表2-8

## 8. 应收账款中的400万日元。

应收账款是指对已经销售的商品尚未收回的款项。收回的其中一部分400万日元是销售额中的一部分。所以，在从应收账款中减去400万日元的同时，也要在现金和存款中增加400万日元，即增加到750万日元（图表2-9）。

（单位：千日元）

| 资金的用途 | | 资金的募集和获得 | |
|---|---|---|---|
| 现金和存款 | 7500 | 借款 | 10000 |
| 应收账款 | 2000 | 未支付金额 | 8000 |
| 商品 | 3000 | 股本 | 3000 |
| 建筑物 | 8000 | 销售额 | 6000 |
| 备用品 | 2000 | | |
| 销售成本 | 3000 | | |
| 销售费用以及一般管理费 | 1000 | | |
| 支付利息 | 500 | | |

图表2-9

## 9. 用现金支付了建筑物款项的部分费用，500万日元。

建筑物款项800万日元是购买建筑物但尚未支付给卖方的费用。因为向卖方支付了部分费用500万日元，所以要从未支付费用中减去500万日元而变成300万日元。而且，要从现金和存款中减去500万日元变为250万日元（图表2-10）。

（单位：千日元）

| 资金的用途 | | 资金的募集和获得 | |
|---|---|---|---|
| 现金和存款 | 2500 | 借入金 | 10000 |
| 应收账款 | 2000 | 未支付金额 | 3000 |
| 商品 | 3000 | 股本 | 3000 |
| 建筑物 | 8000 | 销售额 | 6000 |
| 备用品 | 2000 | | |
| 销售成本 | 3000 | | |
| 销售费用以及一般管理费 | 1000 | | |
| 支付利息 | 500 | | |

**图表2-10**

怎么样？根据各种交易而发生变化，让我们用记号笔将变化的地方标记出来，从而确认一下哪里发生了变动。

### ◎从方块图来看 "P/L" "B/S"

根据方块图中的一系列资金往来，并不能一眼看出盈利多少。在这里，我们再通过图表2-11这样的表格来进一步详细地区分资金的用途和资金的募集、获得。

| 资金的用途 | | 资金的募集、获得 | |
|---|---|---|---|
| （资产） | | （负债） | |
| 现金和存款 | 2500 | 借款 | 10000 |
| 应收账款 | 2000 | 未支付金额 | 3000 |
| 商品 | 3000 | （净资产） | |
| 建筑物 | 8000 | 注册资本 | 3000 |
| 备用品 | 2000 | | |
| （费用） | | （收益） | |
| 销售成本 | 3000 | 销售额 | 6000 |
| 销售费用以及一般管理费 | 1000 | | |
| 支付利息 | 500 | | |

*上图的左侧：持有的物品=资产、为获取收益的用途=费用
*上图的右侧：资金募集方法=负债+净资产+销售往来获得的收益

**图表2-11**

〈资金的募集、获得〉

　　"股东的出资、银行融资、业务往来的未支付款项（负债、净资产）"以及"通过业务往来获得资金的销售额等（收益）"。

〈资金的用途〉

　　"持有的物品和权利（资产）"以及"为获得利润而使用的资金（费用）"。

　　像这样在整理的过程中，单独列出图表中的收益和费用而整理出来的就是"损益表（P/L）"。在这里，销售额600万日元－销售成本300万日元－销售费用以及一般管理费100万日元－支付利息50万日元＝利润150万日元。

另一方面，为保证业务进展而持有的物品＝资产合计1750万日元，但从股东和银行募集的以及客户未支付的款项＝负债、净资产合计1600万日元，两者的差额是150万日元。这一差额就是通过业务往来获得利润而募集到的资金。

像这样，在方块图的资产和负债、净资产上记录业务往来重新获得的利润就变成了"资产负债表（B/S）"。

## ◎ P/L 和 B/S 是什么关系？

图表2-12展示了方块图和 P/L 以及 B/S 的关系。

方块图左右的金额是一致的，但看一看分解出的 B/S 和 P/L 就会明白，P/L 左右的金额不同。P/L 左右金额的差就是利润（或者损失）。偶尔也可能出现左右金额一致（收支平衡）的情况，但一般的 P/L 左右金额都不一样。

（单位：千日元）

期末B/S

| 现　金 | 2500 | | |
|---|---|---|---|
| 应收账款 | 2000 | 借款 | 10000 |
| 商　品 | 3000 | | |
| | | 未支付金额 | 3000 |
| 有形固定资产 | 10000 | 股本 | 3000 |
| | | 未分配利润 | 1500 |
| 资产合计 | 17500 | 负债净资产合计 | 17500 |

P/L

（当期净利润1500）

| 销售成本 | 3000 | | |
|---|---|---|---|
| 销售管理费 | 1000 | 销售额 | 6000 |
| 支付利息 | 500 | | |

**图表2-12**

　　另一方面，B/S 的左右金额一般是一致的。B/S、P/L 合体的方块图左右金额一致，但分解后的一部分 P/L 的左右金额不一致，这是为什么？

　　这是因为，P/L 的左右差额部分（利润或者损失）被加入 B/S 里了。也就是说，P/L 的利润也是 B/S 的一部分（严格来说，P/L 的利润构成了 B/S 的未分配利润的一部分）。P/L 的利润和 B/S 的未分配利润变成了"连接环"来连接 B/S 和 P/L。（图表2-13）

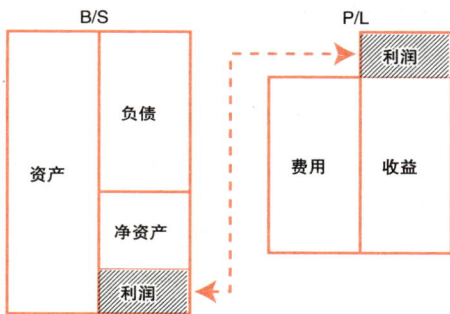

图表2-13

　　而且，简单补充说明一下"利润"和"未分配利润"的不同，利润是一年内的，而未分配利润是利润的累加（每年的利润 × 公司年份）。所以，利润发生变化，未分配利润的一部分也会发生变化，但利润和未分配利润的金额本身极其一致*。

　　前面写到"B/S 的左右金额一致"，但这并不是偶然出现的。因为在会计领域，就是这种结构。

―――――――――――――

* 　未分配利润基本上是通过 P/L 的利润发生增减。专业点儿来说，就是"净增长"。类型 C 那样，P/L 即利润发生变化，结果就是 B/S 的未分配利润也会发生变化。虽然大部分的资金往来都是这样，但在部分资金往来中，有的也会不通过 P/L 的利润而直接成为 B/S 的净资产。

再重新读一下图表2-2的文字，我们会发现"现金和存款"中并没有出现资金往来的字样。只有"股本300万日元和借款1000万日元"的部分记录了"资金往来"，但这是制作B/S的人补充的、在"资金的用途"一侧列出来的以上合计的现金和存款1300万日元。

现在的B/S和P/L是按照基于复式簿记原则的会计处理方法制作而成的。说到簿记，可能有人会想到借款方、贷款方这样的表达。借款方、贷款方是复式簿记的基础用语，但因为偏离了日常认知，可能这一点就变成了会计中的难点。

实际上这一点并不难。复式的复是"2"的意思。也就是说，我们要认识到，一件事会变化出两个项目。

举一个具体的例子，我们经常会听到"使用住宅贷款不太好啊"，但这句话在会计领域有点奇怪。

哪里奇怪呢？文中只有住宅贷款这一个项目，却是复式书写，写出了两条信息。从会计专业角度来说，住宅贷款不是仅仅发生了负债，同时也一定有相应的资产等另一个要素发生。

这种情况下，住宅是一种资产，从会计专业来看，"使用住宅贷款不太好"的正确表达方式是"偿还住宅贷款不太好，但同时也持有了住宅这一资产"。

实际上，住宅贷款可以通过出售住宅（如果资产价值没有大幅度贬值的话）而偿还。做过簿记试验的试验者应该能够理解，但让借款方和贷款方相符，事实上真是说起来容易做起来难……主要原因可能是日常的思考方式和会计专业的思考方式不同。为了能习惯会计的思考方式，平常就要将两个项目作为一组来考虑。

而且，对比刚才的资金往来1-4，有没有感觉到资金往来5有点儿难?

实际上，会计的资金往来大致可以分为3大部分。

A. 只有 B/S 的左侧构成内容发生变化

B. B/S 的左右两侧发生同等金额的变化

C. P/L 的利润发生变化的结果是引起了 B/S 的变化

将上面的例子进行区分，资金往来3、4、8属于类型 A，资金往来1、2、9属于类型 B，资金往来5、6、7属于类型 C。类型 A 和 B 是只有 B/S 发生变化的类型，类型 C 是 B/S 和 P/L 同时发生变化。像类型 C 这样 B/S 和 P/L 双方同时发生变化时，可能会感觉稍微难一些。

如果购入项目和花费项目不同，资金往来本身就会多得没有限制，像这样分类之后，更容易理解财务报表如何变化。

# 第3章

## P/L 的构成和要点

## ◎ P/L 中存在几种"利润"

首先，来看一下真正的公司 P/L（图表3-1）。在观察细节之前，先来看看其大致的构成。

合并利润表（节选）　　　　　　　　（单位：百万日元）

| | 会计年度<br>2016年4月1日—2017年3月31日 |
|---|---|
| 销售额 | 252420 |
| 销售成本 | 140847 |
| 销售总利润 | 111573 |
| 销售费用以及一般管理费用 | 82732 |
| 营业利润 | 28841 |
| 营业外利润 | 536 |
| 营业外费用 | 751 |
| 经常利润 | 28626 |
| 特别利润 | 279 |
| 特别损失 | 1204 |
| 税金等调整前的当期净利润 | 27701 |
| 法人税等合计 | 8754 |
| 当期净利润 | 18947 |

图表3-1 格卢比的案例　2017年3月　摘自决算短讯

从销售额开始，最后是当期净利润（当期净利润之后还有"总利润"，但这里为了保持单一化，只展示到"当期净利润"）。其中，我们应该关注的项目是销售总利润、营业利润、当期净利润。

比如家电商，出售生产的家电产品时，从销售额中减除制造家电花费的成本剩下的是"销售总利润"，从销售总利润中减去销售员的工资和商店的房租、事务成本等费用剩下的是"营业利润"，从营业利润中加减外汇损益和银行利息等剩下的是"经常利润"，之后再扣除土地等固定资产出售和事业调整损失等以及支付的税金剩下的是"当期净利润"。

在 P/L 中，不会突然写出当期净利润，而是采用阶梯计算利润的方式。说到为什么要阶梯式展示，这是因为即使一下子写出利润也无法表达出其实质和含义。换言之，我们的目的不仅仅是展示最终的利润（当期净利润），还要展示如何获得利润、当期净利润的获得过程（销售额和费用）。

◎ **各种利润种类和含义**

再来更详细地讲解一下利润。一般来说，各种利润的展现方式如下：

销售总利润：从销售额中扣除产品、商品的销售成本、进料费用所获得的利润（＝毛利润）

营业利润：从销售总利润中扣除销售费用以及一般管理费用（＝主业利润）

经常利润：从营业利润中增加或减少获得的／支付的利息等财务相关的收益／费用所获得的利润

当期利润：从经常利润中增加或减少临时的利润和损失、税金费用所获得的利润

各种利润的含义如上，但实际的商业中相关的意思是下面这样的。

"销售总利润"表示产品和商品的"附加价值"的多少。如果销售总利润在销售额中占比（销售总利润率）大，简言之就是成本低的产品售价高。虽然是受欢迎的商品，但持续下去的话，可能会有竞争对手加入而引起价格竞争。于是，即便最初会获得较高的利润率，慢慢地利润也会越来越薄。

销售额
− 销售成本
　销售总利润
− 销售费用以及一般管理费用　　主业的收益、费用
　营业利润
＋ 营业外收益　　主业外
− 营业外费用　　（主要是财务活动）
　　　　　　　　的收益、费用
　经常利润　　　　　　　　　　　日常活动的收益、费用
＋ 特别利润　　　　临时活动的
− 特别损失　　　　收益、费用
　税金等调整前当期净利润
− 法人税等
− 少数股东利益
　当期净利润

**图表3-2 损益计算书（P/L）——概要**

　　那么，什么情况下可以长期维持高利润率而不是一时的高销售利润率？比如，持有只有这家公司可以生产的产品、提供的服务，也就是俗话所说的 Only One 公司就是如此。

　　另外，因为 P/L 的数字基本上从销售总额开始到当期利润会慢慢变得越来越小，所以无论是营业利润还是当期净利润，总体来说利润率高的公司是因为销售额总利润率高。也就是说，销售总利润是利润的源泉。

　　"营业利润"表示从销售总利润中扣除销售活动和维

持业务运营所需的费用后主业产生的利润。无论生产出多么优秀的产品，只放在工厂里是不可能卖出去的。为了销售生产的产品，就需要进行广告宣传、促销、业务等销售活动。而且，还需要销售后的债券管理和维持公司整体运营的费用。可以说，营业利润不仅仅是生产产品获得的，也是在企划、开发、销售、债券回收等一系列和主业相关的过程中获得的利润。

"经常利润"是不仅由主业产生、还要加上每年产生的利息支付等主要的财务活动收益和费用、扣除特别损益的历史项目所获得的利润。通过某年的经常利润，可以掌握公司每年大致创造多少利润。

也就是说，经常利润表现出了公司包括除主业以外的综合收益能力、表现出公司每年盈利多少。据说这一点也是日本经济社会重视经常利润的原因。

"当期净利润"*包括了临时的、金额巨大的特别收益和特别损失的项目，所以需要注意的是不同年度它可能发

---

\* 2015 年 4 月 1 日起事业年度开始，正确写法应为"归属于母公司股东的当期净利润"。

生巨大变动。另一方面，给股东的分红也是从当期净利润中支出，所以这也是股东们非常关心的内容（即使赤字也可以支付分红金，但赤字分红很难得到董事会的赞同）。

对公司的立场和关心不同，关注的利润也会不同。比如，如上所述，股东会关注分红金的源泉——当期净利润，制造业的厂长更关注自己公司和竞争公司的销售总利润。像这样，理解了利润表示的意思，P/L 的阅读方法也会发生改变。

另外，经常利润并不会出现在欧美各国的 P/L 中。也可以说这是日本独有的利润表示方法。会计规则也反映出了这个国家的商业习惯和价值观，所以在不同的国家会有所差异。

## ◎ 费用也分出几个种类

P/L 中出现了各种费用。在这里，关于费用我们整理如下（另外，营业外收益和特别利润不是费用，但为了方便这里也会做相关讲述）。

关于"销售成本"的内容，我们来看看制造业。工厂生产产品时需要的原材料费用、人工费（劳务费）以及生产经费组成了销售成本。生产经费有工厂和生产设备的折旧费用以及土地费用、租借费、消耗品费用、修缮费等，大体理解为工厂内发生的各种费用（严格来说还有和生产无关的费用单独分类为销售费用以及一般管理费）。

"销售费用以及一般管理费用"如其名，由销售费用和一般管理费组成。销售费用无疑就是公司销售产品和服务时产生的费用，包括运输费、宣传费等促销费用、广告宣传费、营业部门的人工费等。一般管理费用是为了维持公司职能而花费的费用。本公司企划、财务、会计事务、IR（投资者关系）等职能部门发生的费用，这一点很容易理解。

"营业外费用以及收益"是指公司主营业务以外产生的费用、收益。主要包括财务活动相关的费用和收益，比如银行存款利息、投资公司获得的分红、支付的银行借款利息、公司债务利息等。也包括和海外进行外币交易的公司会因为汇率的变动产生汇率差而带来的营业外损益。

"特别利润、损失"是指因公司特别原因而产生的损益。另外，有时对于公司的销售额和利润额来说会因为额度较大而造成金额上的冲击。临时以及巨额是其关键词，但没有一个统一的标准来从整体上为"多少年发生一次算临时呢""多少钱以上算巨额呢"来做出判断。

对于公司来说，具有临时性、金额重要性的损益需要做特别判断，但作为笼统的标准，这并不是特别项目。比如，如果包括了销售成本和促销费用，销售总利润和营业利润的上下波动较大，有可能被误认为是公司的业绩。这时就需要作为特别损益来处理。另一个方面，特别利润还包括土地和房屋等固有资产的销售收益，灾害等保险金收入超出损害费用的保险差收益。特别损失的例子还有固定资产的拆除损失和销售损失、事业结构改革费用（结构调整损失）等。

## ◎什么时候记账销售额？

现在开始，我们来解释一些更为详细的论点。实际业务中，也包括了某些行业中特有的、一般被当成例外的内容。但是，正因为了解了各种各样的案例，我们才能理解始终如一地贯彻这一原则的思考方式。

"销售额"位于 P/L 的最上面。大家有没有考虑过什么时候能把它当成销售额？把产品和商品的销售当成公司的销售额并记录在账簿上，我们称之为"记账"。大多数的制造商、零售商等都是在产品和商品"出货"的时候记上销售额。这称为"出货标准"，但实际上记账销售额的时间点不仅仅是出货的时候。

比如，出售生产设备的机械制造商，顾客验货、收货的时候就会记账销售额（验收时间点）。另外，送达顾客指定的收货地时记账销售额（货物到达时间节点）或者有的公司可能会因为担心收不回货款而没有记账销售额（收款节点）。

像这样，实际业务中，记账销售额的时间节点并不统一，但是会计规则中又是怎样的？

实际上，会计规则中并没有规定记账销售额的时间节点。作为补充，其中还提出了记账销售额的"要点"。我们将这种思考方式称为"实现标准"，简而言之：


1.移交顾客委托的物品（提供服务）

2.完成1，收到顾客汇款或者约定好付款时间满足这两个要点的时候，就应该记账销售额了。

在一般的生产销售行业，满足上述两个要点的代表性时刻就是出货的时候，但是像精密仪器这样的，有时候在出货时并不能收到客户的货款。这种情况下，经过精密仪器的安装调试、试运行后，客户同意收货的时候，也就是验收时间节点满足了两个要点。

另一方面，像大厦的建设工程这样工期需要几年时间，如果顽固地按照两个要点进行，反而可能会造成财务报表不能适当地反映出经济活动的情况。比如，获得了工期3年、总额60亿日元的工程项目。第一年完成了工程的三分之一，收到了款项20亿日元（中期款）。这种情况下，如果参照实现标准的两要点，就会出现工程尚未完工不能交付客户所以不能记账销售额。然而，我们也可以考虑经济时态上20亿日元的经济价值已经产生、为了符合工程的进度，应该记账销售额（也要记账相对应的成本）（工程进行标准）。

在会计规则中，绝不允许不管什么时候都随心所欲地记账销售额，但在符合原则的情况下，可以根据公司的业务内容和销售物品来调整记账销售额的时间点。

## ◎ "外部环境影响"收益变化

在一般的企业活动中存在这样的关系：销售额增加即企业提供的物品（服务）销售良好，因此利润也会增加。大致来说的确如此，但现实中复杂的外部环境变化也会影响到收益。

比如，汇率的影响。日元便宜，对于出口型企业来说如顺风而行，但对于从海外进口原材料的公司来说往往会形势严峻。实际上，最近10年间，日元兑美元汇率在70日元到120日元之间大幅度变动，很多公司的业绩都受到了很大影响。

在这里，我们再来看一下对 P/L 的具体影响。

首先，外币交易的销售额和采购需要按照交易时的汇率换算成日元，所以汇率变动会直接影响销售额和销售成本的增加、减少。

比如，同样是1000美元的销售额，1美元 =100日元的情况下，销售额是10万日元；1美元 =120日元的情况下，销售额是12万日元。即外币的交易金额相同，日元的金额却不同。这是"出口型企业因为日元贬值而带来的增收效果"。而且，如果原材料是日本国内采购，采购成本没有受到外汇的影响，对利润也会产生暂时的良好影响。

其次，挂账形式的交易（不是在交付商品时支付货款，而是在约定的将来的某个时间点支付。例如：当月末支付、次月末支付），从销售和采购到付款期间的汇率变动就是营业（主业）外损益，会影响经常利润。比如，销售时的汇率是1美元＝120日元，销售货款回款时日元贬值后汇率是1美元130日元，这样一来，相当于1美元产生了10日元的收益。我们称之为汇率差收益。假如外币交易的金额是1000美元，汇率差收益10日元×1000，总收益1万日元。如果销售时1美元＝120日元，可以收入12万日元，但是汇率降低为（1美元＝130日元），所以可以获利1万日元。

简单总结一下以上销售交易的过程，去年、今年都是1000美元的销售额，去年的汇率是1美元＝100日元，今年的汇率是1美元＝120日元，而且，今年收款时销售额1000美元收款时汇率是1美元＝130日元：

因日元贬值增收效果：

1000×（120日元 −100日元）=2万日元

→影响销售额

因日元贬值带来的汇率差收益：

1000×（130日元 −120日元）=1万日元

→影响营业外收益（经常利润）


"汇率变动对业绩的影响是什么？"具体影响的并不是单一的某一个点。


## ◎应该如何看营业外收益？


营业利润是从主业中获得的利润，最受重视，但是也有人提出这样的质疑：


经常利润也是每年的业务活动中获得的利润，从这一点来看，难道意义不大吗？

即使营业利润出现赤字，通过经常利润弥补回来不好吗？

两者确实都是公司"每年进行的"活动中获得的利润，这一点上是相同的，两者的内容却大为不同。

营业利润反映出来的活动基本上是生产、制作向顾客提供的商品和服务并提供给顾客获得对等价值的一系列活动。当然有的部分也会受到外部环境影响，然而生产成本、广告宣传费用等销售费和办公、会计等一般管理费都是经营主业产生的，大多数成本都在公司的可调控范围内。

另外，从营业利润到经常利润之间存在的是营业外收益（交易利息和分红金、汇率差收益等）和营业外费用（支付利息、公司债利息、汇率差损失等）。和获得营业利润的公司活动相比，这些较少受到公司控制，更多依赖于利息和汇率状况、投资公司的业绩等公司外部情况。

也就是说，即便是公司每年都在进行的活动，公司也很难掌控其成果水平。

而且，公司会自然区分营业外的业务活动，所以对公司来说并非主业，也就是所谓的副业。营业外收益的项目有（有别于流动资产、以买卖为目的的）有价证券销售收益、（普通事业公司以副业在经营的）不动产租赁收入等，但是社会上有很多公司将这些当成主业来经营。

即便能获得短期收益，但长期来看，一般副业都很难和主业相抗衡。泡沫经济时期，很多普通企业都以副业持有有价证券，但泡沫破灭之后，这些公司中有很多都蒙受了巨大损失。其中，不少公司的主业都面临难以为继的结局。

关于主业外的事业，我们应该理解这样的风险。

## ◎如何解读 P/L 更好？

实际上，为了评价和分析而解读 P/L 的时候，不推荐大家从上到下按顺序阅读每一个项目（账款条目）。

因为单纯追求数字，很难想象出数字背景后面的业务活动状况。当然，如果有关注的利润（比如当期净利润），也可以透过利润看背后的活动，但是推荐大家采用以下"P/L 的解读方法"。

首先，查看销售额。并不是单看某一年的销售额，而是查看最近3年间、5年间等数年间的销售额是如何变化、成长的。

销售额不仅是 P/L 的一个项目，也是公司的"脸"。英语中表现为"Topline"，这一数字能代表公司。大家的公司在选择客户的时候，难道不会把事业规模（销售额）当成一个判断标准吗？销售额巨大，说明公司生产、销售的产品和服务被社会所接受，也反映出了社会的信赖。

同时，也说明所获得的利润很高（我们很难想象这么大的销售额是靠出现赤字来获得的）。

其次，按顺序查看主要利润。而且，利润和利润之间有巨大变化时，要确认其主要原因。比如，营业利润率是15%而经常利润率是5%，就需要查看两者之间的营业外费用、营业外收益的内容。再举一例，出口型产业中，如果因为日元升值带来的损失（也可以说是汇率差损失）较大，则可以确认这就是主要原因。

相比从上到下按顺序解读，不如先看销售额再看各利润，如果利润之间变动较大，再确认其主要原因。希望大家能有意识地使用这种解读方法。不仅更容易看懂数字，也更容易读懂其背后的事业活动。

## ◎ 从 P/L 中分析事业活动

接下来，为了了解事业活动和 P/L 利润的关系，我们来进行以下推演。

图表3-3展示了从前期到当期的4家公司各利润的增减。

| | A社 | B社 | C社 | D社 |
|---|---|---|---|---|
| 营业利益 | ↘ | ↗ | ↗ | ↘ |
| 经常利益 | ↘ | ↗ | ↘ | ↗ |
| 当期纯利益 | ↗ | ↘ | ↗ | ↗ |

图表3-3

关于变化的程度，大家各自想象即可。我们一起思考一下，从前期到当期公司发生了什么事情。

〈A公司〉

营业利润和前期相比减少了。营业利润减少的主要原因大致分为两种。营业额总利润减少或者销售费用以及一般管理费用增加。如果是销售额总利润减少，一种原因是销售单价下降。可以考虑因市场竞争激烈降价销售和低价商品的比例增加。另一种原因是销售成本增加，比如原材料费用飞涨。

销售费用以及一般管理费用增加，比如为了宣传新产品而增加了促销费用。

经常利润，因营业利润减少而比前期减少。如果借款增加、支付利息增加、日元升值出现汇率差损失而增加了营业外费用，情况会更加恶化。

另外，当期净利润比前期增加了。经常利润和当期净利润之间有特别损益和税金费用。因此，可以考虑是出售了固定资产而获得了利润（固定资产销售收益）。

### 〈B公司〉

营业利润的增加可能是因为销售额总利润的增加或者销售费用以及一般管理费用的减少。销售额总利润的增加可能是因为新产品带来的销售额增长等，也可能是前期进行了促销（促销费用）而今年没有促销，所以销售费用以及一般管理费用相对减少。营业利润增加，经常利润也会增加。收到的分红金增加、汇率差收益增加也会带来经常利润的增加。

与此相反，当期净利润比前期减少了。如果从不划算的事业中撤退带来了损失（特别损失）等，就可能会出现这种情况。

营业利润增加和 B 公司一样，但经常利润比前期减少了。这是因为在营业外的活动中公司出现了损失。考虑的主要原因有伴随着借款增加的利息支出、汇率中日元升值带来的汇率差损失等。

另外，当期净利润增加了。和 A 一样，考虑为固定资产销售带来的利润（特别利润）、前期发生的固定资产减损损失在当期并没有发生等。

〈D 公司〉

营业利润减少的原因考虑和 A 一样。相对于主业不景气，营业利润减少和经常利润的增加也有关系，比如汇率差收益和收到的分红金增加等营业外收益的增加，或者支付利息减少等营业外费用的减少。经常利润增加是主要原因，而当期净利润也增加了，或者有固定资产销售收益的时候、法人税率下降带来的税金费用减少的时候，都会带来当期净利润的增长。

说到底，上面的内容也只是一个例子。请大家想一下还有什么活动属于"这种事业活动、事业环境变化也会影响利润"的例子。

第 **4** 章

────B/S 的结构和要点

## ◎ B/S 展示的是资金的"用途"和"募集方法"

相比 P/L，很多人都不熟悉 B/S。P/L 由事业部、各部门、科室按预算来设置，按月进行管理，所以和公司内部的很多人都有关系。而且，从销售额中扣除以获利为目的而支出的费用才是真正的利润，无论是对公司还是个人，P/L 的管理都非常重要，也更容易被大家直观地理解。

另一方面，B/S 原本就不是为了展示利润，除了会计等部门的人，平常在公司里能看到 B/S 的人就仅限于经营者等少数人。正因如此，相比 P/L，大众更不熟悉、不理解 B/S。从这一点来看，这也是情理之中的事，所以不用过于担心。

那么，我们来看一下 B/S 的格式。请看图表4-1。

首先，中间分为左右两部分。第2章已经写过分为资金的募集和用途。而且，关于资金的募集，根据募集方法又分为负债和净资产。在从外部获得资金这一点上，同样是获取资金，但负债是需要偿还的，而从股东处获得的出资等并不需要按期返还。也就是说，投入事业上的资金，如果全是负债，还贷压力过大，倒闭风险高。因此，需要区分资金募集方式是负债还是净资产。

其次，看一下怎么使用募集到的资金。产品、商品类的库存资产，工厂建筑物、生产设备类的固定资产，资产分为很多种类。图中展示了资金被投入哪种资产中。

B/S（借贷对照表）

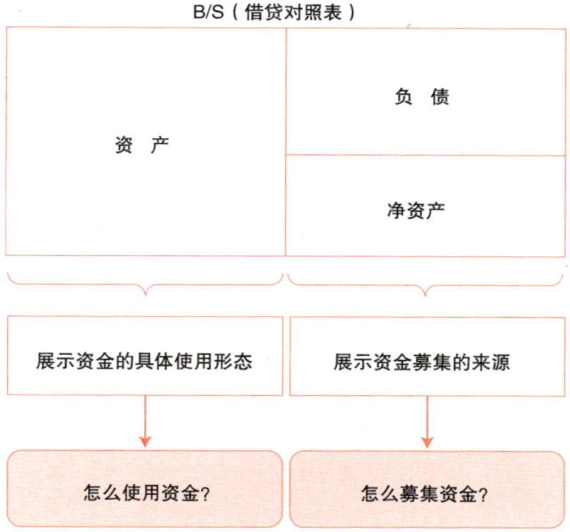

图表4-1 B/S 的结构

资金被投入哪种资产中，很大程度上要看事业的性质。为了保证事业顺利开展，有的公司需要保持一定程度的库存，相反有的公司就不需要持有库存，比如咨询公司。另外，电力、燃气、通信行业等所谓的基础设施行业需要大规模的设备，更倾向于固定资产。

而且，募集到的资金不能超额使用，B/S 的左右金额才会一致。

◎ "流动"和"固定"有什么不同？

资产和负债又分为流动和固定（图表4-2的流动资产、固定资产、流动负债、固定负债）。流动、固定的区分严格按照"正常营业循环标准"。

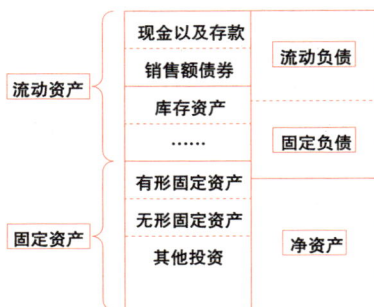

图表4-2 借贷对照表（B/S）——资产以及负债的分类

资产和负债又分为流动和固定（图4-2的流动资产、固定资产、流动负债、固定负债）。流动、固定的区分严格按照"正常营业循环标准"。

营业循环是指如图表4-3中一样的循环（假设是制造行业）。此循环中持续一周的资产被分为和此期间无关的流动资产（或者负债）。也可以说是根据"正常营业周转期基准"（Normal Operating Cycle Basis）进行区分。

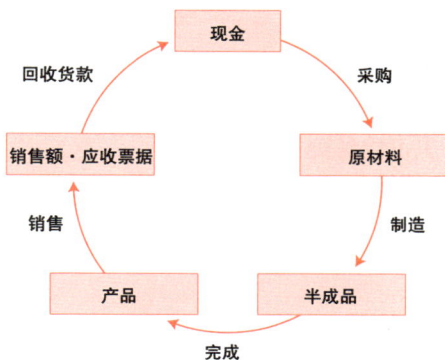

图表4-3 营业循环

另外，此图中假设用现金采购，所以并没有出现采购债务（赊购金、应付票据），但是"赊账"采购的情况下，赊购金、应付票据也被定为流动（负债）。

而且，不在营业循环周期内的资产和负债（比如：应付费用、贷款）也以"1年期"为标准分为流动、固定（这也可以称为"1年规则"）。比如，贷款分为预计1年以内清偿的"短期贷款"（流动资产）、预计1年以后清偿的"长期贷款"（固定资产）。

前面讲述了"正常营业周期标准"和"1年规则"，但大致理解为以"1年"为期来区分流动和固定就可以。除去营业周期较长的不动产行业之外，大部分行业的营业周期都在1年以内。

## ◎ 从哪里可以看到 B/S？

B/S 分为5种（流动资产、固定资产、流动负债、固定负债、净资产）。

那么，应该以什么样的视角来看 B/S 呢？

重点如下2点：

· 有没有倒闭的危险？

· 资金是否得到有效利用？

一起来详细解析一下以上2点。

〈 **有没有倒闭的危险？** 〉

如果事业中所需资金全是借款，一旦因为某种原因无法偿还，公司就可能破产倒闭。借款所占比例越大，倒闭的风险就越高，所以我们要查看总资产中负债的比例。说得更详细些，大部分的流动负债需要在1年以内偿还。与此相对的是，大部分的流动资产能在1年以内转换成公司的现金。

这就是说，如果"流动资产＞流动负债"，就确保足够的还债资本。相反，如果"流动资产＜流动负债"，就需要担忧了。

而且，即使1年以内"流动资产＞流动负债"，假如面对下个月需要偿还的负债，流动资产要在6个月后才能转换成现金，这种情况下依然会出现还款困难。这样的话，单是B/S的金额上"流动资产＞流动负债"，还是无法安枕无忧，还需要确认现在能立刻用于支付的现金或者（活期存款、普通）存款有多少。

## 〈资金是否得到有效利用？〉

说到公司的职责，包括有效利用股东和金融机构提供的资金并提高收益、向资金提供方还原资金成果。投资什么项目也要看项目的特点，但伴随着销售额的增长，需要投资原材料、生产设备等更多的投资项目。所以，为了提升销售额，应探讨是否需要适当地投资一些项目（需要的资产是否相应增加）。

另一方面，如果增长的只有和事业关联薄弱的资产（投资有价证券、贷款等），就需要注意有可能是资金没有得到有效利用。

上面介绍了 B/S 的主要着眼点。我想您也注意到了，我们不需要从上到下按照顺序来阅读 B/S 的每一条。看一看流动资产、固定资产、流动负债、固定负债以及净资产 5 个部分的大致区分和比较就足够了。

## ◎不熟悉 B/S 的所有条目也可以吗？

如图表4-2所示，B/S 的所有条目如上所述详细地分为以上5个部分。当然，我们不必熟知所有条目。但是，即便我们不熟知所有条目，也能大致估计出其中的意思。

比如，区分为流动负债的条目都是最近（比如1年以内）会从公司流出的资金，因为这一点是相同的，所以我们就能把握到这一部分内容的性质。这样看来，即使出现我们不认识的条目，从它所属的部分中也能推理出它的意思。

另外，如上所述，在查阅 B/S 时，相比一条一条地详细阅读，更多的人会查看5大分区、大致浏览，所以即使不明白某些资产、负债条目的意思，也不影响阅读。

虽说如此，不明白其中含义还是会影响我们的心情。

所以，我决定对晦涩难懂的 B/S 各条目进行简单讲解。

## 〈存货资产和库存的差别〉

"库存"不是会计用语，而是商务用语。在 B/S 的"账目条目"中没有库存这样的表达方式。商业中使用"库存"一词时，基本上可以理解为存货资产。在本书中，基本上的表达是"存货资产"。说明的过程中，有时也会用库存来表达，可以理解为同一个意思。

## 〈存货资产和商品的不同〉

存货资产是以销售为目的而持有的原材料、半成品、成品、商品、储藏品等的资产的总称，是所谓的群组名。与此相对，商品是属于所谓的群组中的成员的名字。

## 〈有价证券和投资有价证券〉

在公司持有的股票证券等有价物品的意义上，两者同义。

有价证券，根据公司持有的目的，如果是短期持有（计划短期内出售1年内满期），则划分到流动资产、写作"有价证券"。如果是长期持有（持有股票短期内不会出售），则划分到固定资产、写作"投资有价证券"。也就是说，即使是同一名字的股票，也会根据持有目的的不同在 B/S 上做出不同的标示。

## 〈预付账款和预付款项〉

在一定时期内，我们会持续接受汽车保险、房租、水费、燃气费这样的服务。比如，"预付"了一年的服务费用，但只接受了3个月的服务，这种情况下就拥有了接受9个月服务的"权利"。预付账款就相当于这一权利，作为"资产"记录在 B/S 上。负债的"未支付费用"与此完全相反。

另一方面，预付款项是提前支付一部分商品货款。从商业关系上来看，是指采购方在订购的商品交货之前提前支付一定比例的商品货款。这种情况下，提前支付的金额标记为流动资产中的预付款项。而且，在商品交货时，预付款项会充当一部分商品等的货款。

## 〈赊销货款和应收货款的差别〉

在从客户方尚未收回的债权这一意义上，两者同义。

销售额等业务上的交易是持续的、反复的，这种情况下从客户方尚未收回的债权是赊销货款。与此不同，交易是间断的或者临时的（固定资产的出售等）情况下，从客户方尚未收回的债权是应收货款。应收货款是脱离了日常业务循环之外的交易中产生的债权，所以根据1年以内或者超过1年划分为流动资产（应收货款）、固定资产（长期应收货款）。

### 〈无形资产〉

固定资产是指1年以上、公司以使用为目的持有的资产（以销售为目的持有的资产是存货资产）。固定资产中，无形的部分称为无形资产，具体的无形固定资产有特许权、借地权、电话加入权等法律上的权利，以及营业权、软件等。B/S中标记的金额不是无形固定资产的价值（市场价值），而主要是获得这一无形固定资产所需要的登记等事务上的手续费用。无形固定资产在获取后的、能看到效果的一定期限内会清偿掉（主要使用定额法）。而且，第5章中会详细介绍清偿的内容。

### 〈递延所得税资产〉

准确理解递延所得税资产的前提是理解税收会计，但从整体意义来看，我们首先需要理解"预付税金"。制作公司财务报表时遵守的会计规则和计算税费等金额时遵守的计算规则有所不同。结果，有时候公司的财务报表上可能会把本来应该明年支付的税金写成了今年已支付。这种情况下，可以说是公司把明年的税金"预付"了，即购入了这一"资产"，所以资产部分就写上了"递延所得税"。

## 〈商誉〉

在企业并购中，以超过 B/S 净资产的金额并购的案例并不少见。这是因为在会计规则中，我们并不能将公司内在的无形资产全部记录在 B/S 中，但另一方面，并购过程中会考虑到这种无形资产的价值来决定价格。简单来说，这时的并购价格和被并购的公司 B/S 净资产金额之间的差额就是"商誉"（严格来说，并购价格和净资产的差额中，去除能把握的个别无形资产"品牌、顾客清单等"，剩下的部分就是"商誉"）。商誉也可以说是公司的人力财力、技术力、技术诀窍等眼睛看不到的价值的集合体。

在日本现在的会计规则中，商誉会在公司设定的某个不多于20年的期限内得到清偿（关于减价清偿，详细内容请参照第5章）。商誉的清偿费用会计入销售费用以及一般管理费用。所以，并购价格越高（商誉折合的金额越多）并购后的营业利润被压得越低。

而且，IFRS（国际财务报告准则，请参考第10章）中出现了不需要清偿商誉而推进并购的日本公司，这些公司将会计规则变更为 IFRS。

## 〈退休金给付的相关负债〉

为了正确理解退休金给付的相关负债，我们需要理解退休金给付会计。退休金给付会计是难以理解的会计规则，如果不是会计专家或者专业部门则不必理解其详细内容。经营者等财务数据的使用者，大致理解以下要点就足够了。

| 将来支付给从业员的退休金的现有价值（A） | 已经准备的积累额度（B） |
| | 退休给付相关负债（抵消） |

**图表4-4**

看一下图表4-4。退休给付相关负债的意思是：将来给员工的退休给付（一次性支付的退休金和退休年金的合计）中，从预计的到现在为止产生的金额现有价值（A）中扣除现在已经准备的积累额度（B）的部分，也就是说现在积累额度中没有存储的、不足的部分。

其中，（A）是由公司的退休金标准和国债等安全性高的金融产品的收益率来决定的。比如，越是退休金水准高的公司越大，上述收益率越大（A）越小。近年来持续低利率，但在上述收益率持续降低的情况下，（A）越来越大。

为了将来给员工支付退休金，公司每年都会积累的年金资产称为（B）。这一项资产不会占用现金储备，通常会使用国债、股票等。所以会受到股票行情的影响。一般来说，市场行情越好投资收益越大，（B）也会越高。相反，如果经济发展停滞，（B）会越来越小。所以，退休给付金相关负债像这样在（A）和（B）的变动影响下发生增减。

而且，大家需要注意，已经对员工退休给付金做好准备的公司退休给付金相关负债小，但退休金等的退休给付债务的标准并不小。

## 〈非控股股东配额〉

近年来，很多公司都形成了母公司—子公司的集团关系。这时，母公司会将集团整体看作一家公司来制作财务报表。我们称之为"集团财务报表"。

但是，集团财务报表中包括的子公司（集团子公司）中也存在母公司不具有100%决策权的子公司。比如，母公司具有80%的决策权，子公司中另外的股东具有20%决策权。这种情况下，对于子公司来说，母公司是"控股股东"，具有余下20%决策权的股东是"非控股股东"。而且，在会计规则中，有决策权的股票占比在50%以上的情况下，子公司纳入集团财务报表。另外，假如母公司持股比例在

50%以下，却依然能在营业方针的决策权、员工的派遣状况、资金等方面进行"实质性控制"，这种情况下仍然判定其为子公司并且纳入集团财务报表。

集团财务报表的制作手续从合算母公司财务报表和集团子公司财务报表开始。这时，即使是股份占比80%的子公司，也要合算子公司财务报表的全部金额。所以，合算的时候，非控股股东所持有的20%实价财产（净资产）和利润（当期净利润）会全部标示为母公司的所有金额。

于是，合算之后，需要从母公司所持有部分中扣除归属于非控股股东的20%部分，进行相应调整并在 B/S 上标记为"非控股股东配额"。简单来说，非控股股东配额是指集团子公司的实价财产净资产（准确地扣除一部分项目）中归属于非控股股东的部分。母公司的集团 B/S 中有非控股股东配额的情况下，集团子公司中存在非母公司100%控股公司的同时，集团子公司的净资产呈有利状态。而且，非控股股东的配额在集团 B/S 中被标示为"净资产"的一部分。

## ◎资产和负债的金额由什么决定？

第3章列出了"什么时候记录P/L的销售额"这一论点。与此相似，B/S各账簿科目的金额由什么决定？比如，B/S中记录了机械装置为5亿日元，5亿日元的依据是什么？

根据原则，B/S上记录的资产金额是获取这一装置时支付的金额。

比如商品，在购买商品时支付的金额与此相符。这一方式称为"获取原价主义"。然而，对于资产，存在获得后再修改金额的情况。比如，在决算期的最后一天存货资产的"获得价格＞时价"，这种情况下，需要把金额下调至时价。

那么，为什么要进行这样的金额调整呢？虽然资产的价值比购入时下降了，但继续记录为购入时的金额，这样一来，财务报表的使用者可能会误以为公司持有这个价值的资产。为了避免财务报表的使用者做出错误决策，也就是因为考虑到股东、债权人等外部的企业利害人才会做出这样的金额调整。

然而，这些资产中也有不容易取得时价的物品。比如公司自用的机械装置，肯定会在旧货市场上有一定价值。这种情况下，公司的经营者会调整固定资产的使用转换为未来可期待的收入，并在此基础上来预估出和固定资产时价相当的金额。

### ◎净资产是股东全额出资吗？

简而言之，净资产由以下3部分构成。

①不仅仅有股东出资的部分（资本金、资本剩余金）
②公司迄今为止创造的利润积蓄（利润剩余金）
③其他部分（非控股股东配额、新股东预约权）

①②部分是归属于公司现有股东（股东资本），③部分并不归属于现有股东。前项不加赘述，但非控股股东配额，是指公司具有80%决策权的子公司中剩余的20%决策权由公司以外的第三者所有。集团财务报表制作过程中，持有20%的股东（非控股股东）所有部分在集团 B/S 上标记为非控股股东配额。新股东预约权是指将来可以以一定

条件获得公司股票的权利（股票购买权等）。

大家在新闻上是否经常听到"内部保留"这样的词汇？据说上市公司的内部保留在2016年度年结束时超过了400万亿日元，听说要将这些积极地用于设备投资。

严格来说，"内部保留"这一词汇并非会计用语。实际上，在财务报表中也没有"内部保留"这一条目（账簿条目）。对于内部保留在借贷对照表哪个范围的条目中，有几种考虑方式，一般来说，内部保留大多指利益剩余金（这里是指内部保留 = 利益剩余金）。简而言之，利益剩余金是指从公司每年的收益中扣除分红（利润分配）剩余的累积金额。

比如，某年利润100中的50作为分红付给股东，50以现金形式储存。这种情况下，当年的内部保留就是50。之后，用留下的50中的40来做设备投资，而且用10来购入库存。于是，账面上剩余的钱0，但内部保留（利益剩余金）依然维持在50。这是怎么回事呢？

实际上，在会计规则中，利益剩余金只按照股东大会的利润分配决议降低。另一方面，金钱的去向包括经营者等的日常证券销售业务上的意思决定结果、消费和投资。

总而言之，内部保留和金钱会在之后有各种动向，所以即使内部保留量大，公司也未必会有大量现金。

内部保留量大，可以说公司创造的利润中用以分配给股东的利润少，但并不一定能说公司持有多余现金。要判断公司对生产设备和 R&D 等的投资是否充分，可以检查一下借贷对照表中的现金和存款以及有价证券等金融资产多不多。

第**5**章

『选择』会计规则

### ◎有选择会计规则的余地

会计规则具有选择的余地，这可能有点难以理解。具体来说，会计领域的计算方法和评价方法有很多，但有时候公司会面临哪一种选择更好的情况。具有代表性的有以下两种：

折旧法

存货资产评价法

### 折旧是什么？

首先来看一下折旧。

先来想一下物品的价值是怎么变化的。比如今年购买的新款汽车，明年是否能以购入价卖掉？或者也可能会变得一文不值吧。

凭直觉就能想到这两种可能都不会出现。物品的价值不会一直保持和购买时相同，但也不会突然变成0而一文不值。也就是说，产品的价值会介于购买价格和0之间，但具体价值多少，难以轻易判断。

然而，从会计上来看，我们每期都需要定期地计算商品价值并经过计算后标示出来。如果是固定资产，要考虑进行账目评价，但会花费时间和费用。虽说如此，如果公司可以自由定价，固定资产的评价就会失去客观性。所以，有没有一种方法是不花费时间和费用、无论是谁来做这件事都能得到相同的结果呢……"折旧"的概念就考虑到了这一点。

折旧是指"从固定资产的获得原价中扣除残存价值后剩余的金额再除以耐用年数、并将此结果作为每期费用进行处理"的手续。

大家可能感觉比较难，但我们身边就有折旧的案例。比如，购买价值100万日元的高级物品时，头脑中就会计算——预计使用10年，每年就是10万日元。此时，头脑中正在进行折旧。

折旧时，需要确定以下金额。

获得原价：物品除本身价格以外，还包括按照这一资产的目的、在投入使用之前花费的附加费用（运费、安装费等）。

残存价值：经过使用年数之后，可预见的剩余价值。如果是铁制资产，剩下的是铁废品的价值。法人税法的修订（废止了其残存价值），实际上现在没必要再在意其残存价值（残存价值为0）。

耐用年数：资产预计使用年数。即使是同样的资产，也要考虑使用环境和使用状况而给出特别的保价。实际业务中，很多公司会参考法人税法中规定的耐用年数。

### ◎ "定额折旧法"和"定率折旧法"两种折旧方法

折旧方法有两种具有代表性的方法，定额折旧法和定率折旧法。

#### 定额折旧法

定额折旧法，随着时间的推进，资产价值呈阶梯状减少。价值减少的部分和折旧的费用相当。每期的折旧费用相同。

#### 定率折旧法

定率折旧的计算方法是以每期的第一次记录价格乘以一定的费率来计算折旧费。这样的结果是资产的价值减少幅度递减。和定额折旧法一样，资产价值的减少部分就是折旧费用。和定额折旧法相比，折旧费用更高，随着年份的增加，折旧费用也渐渐减少。

所以，即使是获取价值、残存价值、耐用年数相同的资产，在采用的定额折旧、定率折旧不同的情况下，在初期，采用定率折旧法的资产（折旧费用高）利润更小。

### ◎存货资产的3种代表性计价方法

存货资产的计价方法分为几种。

具有代表性的有先入先出法、后入先出法、平均法（图表5-1）。

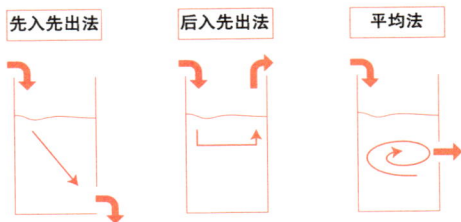

图表5-1

先入先出法是指根据从先购入的库存开始支付（出售、使用）的设定来对期末库存的金额进行计价。

后入先出法是指先从后（最近）购入的库存开始支付的设定来对期末库存金额进行计价。

平均法是指把存货资产的支出平均到所有购买日期进行期末计价。

而且，无论选择哪种方法，都无须和实际物品的动向一致。比如，仓库中的货物在管理上实行了先入先出法，财务上则可能采用平均法。

〈计算案例〉

前期库存　100日元 / 个 ×1000个 =10万日元

当期进货　第1次　110日元 / 个 ×1000个 =11万日元

　　　　　第2次　120日元 / 个 ×1000个 =12万日元

　　　　　第3次　130日元 / 个 ×1000个 =13万日元

这时，如果一年间以平均200日元 / 个的价格销售了3000个，期末存货金额、利润金额的计算方法分别如下。

先入先出法

销售额：60万日元

销售成本：33万日元＝（100+110+120）日元×1000个

利润：27万日元

存货金额：13万日元


后入先出法

销售额：60万日元

销售成本：36万日元＝（110+120+130）日元×1000个

利润：24万日元

存货金额：10万日元


平均法

销售额：60万日元

销售成本：34.5万日元＝库存进货单价平均115日元×3000个

利润：25万日元

库存金额：11万日元

由此可见，计价方法不同，得出的利润和存货资产的金额也不同。

另外，现在已经废止了后入先出法（2010年4月1日开始），所以无法使用这种方法。为了理解业务的实际状态和存货资产计价方法之间的关系，我们再聊聊废除这一方法的背景。

后入先出法中，从物品的动向来看，我们是从后（最近）购买的商品开始支付（销售成本），也就是说先（以前）购买的商品作为库存继续留在仓库。从商品动向来看，相比先入先出法和平均法，这种方法可能有些不自然。

实际上，后入先出法的思考方式中 P/L 非常重视。从后（最近）购买的商品开始支付的方法中，最近的进货价也就是最接近时价的进货价就是销售成本，所以计算出的利润展示了接近时价的水准。比如，因原油价格高涨石油相关产品的原材料进货价上涨，这种状况也会适时地反映在销售成本中。另外，在先入先出法中，进货时间和支付时间有一定的时间差，所以它并不能在利润中适时地反映出进货价的变动。

如上所述，后入先出法的优点是展示的利润能反映出时价，也就是说能展示出最新的利润。通过这些，财务报表的使用者可以参考能反映当下经济状况的 P/L 来做出投资决定。后入先出法多用于市场行情影响原材料和商品进货价的化学品制造、制铁业、石油批发行业等行业。

另外，这一反作用表现在 B/S 中。B/S 中，会长期地持续记录以前购入的陈旧存货资产。从客观的角度来说，一般都会将先购入的物品按顺序支付，所以展示出的状况脱离了实际物品的动向。

作为全球动向的一环，B/S 受到了重视。但相比 P/L 的优点，我们更强调 B/S 脱离实际的状况。这也是后入先出法被废除的原因之一。

后入先出法的废除反映出使用者对会计信息的期待和重视上的变化，也是范例改革中会计规则变更的绝佳案例。会计规则的变更不仅仅反映规则的好坏，也反映了建立经济社会（好坏标准）的人类价值观的变化。


◎ 从哪里看出使用的会计规则？


那么，如上所述，会计规则中有折旧减价法、存货资产估价法等若干方法，也就意味着采用了不同的方法，即使商业状况是一样的，计算的利润和资产金额也会有所不同。

所以，在比较同一行业中两家公司的业绩时，就需要检查一下计算基础（比如折旧减价法）是否相同。

那么，我们如何来确认计算基础呢？

财务报表上有一项"财务报表注记"，记录了财务报表的数字计算前提（重要事项）。存货资产的估价标准、估价方法、折旧减价方法等财务报表的金额计算基础等会计方针基本上都记在这里。另外，还记录了可以让财务报表各项内容更简洁易懂的部分以及唤起财务报表使用者注意的内容（偶发债务、企业存续的前提等）。

财务报表的注记是为了促进大家理解财务报表内容的有用信息。请将它当作类似家电产品的使用说明书的内容。

（注记的例子）摘自雅马哈股份有限公司2017年3月期《有价证券报告书》

第1部【企业信息】 第5【财会的状况】 1【关联财务报表等】

【注记事项】4　会计方针相关事项

（2）重要的折旧减价资产的减价折旧方法

1　有形固定资产（除去租赁资产）

根据定额法。而且，主要的耐用年数如下。

建筑物　31-50年（附属设备主要是15年）　构筑物
10-30年

机械装置　4-12年　工具、器皿以及备用品　5-6年

（后略）


　　另外，折旧减价方法也可能会发生变更。虽说如此，也可能会按照公司的意思认可这种变化，利润少的时候使用定额法，利润多的时候使用定率法，以此来将其用于调整利润。

　　所以，有的公司需要通过审计公司进行会计审计，通过会计审查来判断变更的理由和时期的合理性。而且，即使在变更获得认可的情况，也需要在注记中记录折旧减价方法变更的结果、利润发生了什么变化。由此可见，如果没有发生变更，就需要掌握当时的利润是多少。

（折旧减价方法变更的注记）同上《雅马哈有价证券报告书》

第1部【企业信息】 第5【财会的状况】 1【关联财务报表等】

【注记事项】4会计方针相关事项

（10）其他联结财务报表的制作的重要事项

（中略）

（会计方针的变更）

关于有形固定资产的折旧减价方法，一般会在母公司以及国内联结子公司采用定率法，而海外联结子公司主要采用定额法，但从当期关联会计年度开始变更为定额法。

以从当期会计年度开始的3年时间为对象的新中期经营计划"NEXT STAGE"中，（中略）关于以前资产的折旧减价方法，需要重新讨论。

结果显示，从过去的投资以及使用成果、将来的投资以及使用计划等来看，从有形固定资产经过耐用年数后进入长期稳定的运转来看，将费用平均地分配到耐用年数里的定额法更加合理。

通过这一变更，相比使用过的方法，当期联结会计

年度的营业利润、经常利润以及税金等调整前当期净利润
分别增加745百万日元。（后略）

另外，关于折旧减价方法以外的会计方针（如存货资
产的估价方法）的变更，需要追溯整个会计年度、用适用
的新方法重新计算财务报表的数据。

## ◎经营中需要注意的地方

经营中重要的地方有：如果是存货资产的估价方法，
就需要以本公司采用的估价方法为前提，当经济环境发生
变化时，要了解在什么时候、会给公司带来什么程度的冲
击，并商讨出适当的对策。

比如，采用先入先出法的公司，因为原油价格高涨造
成原材料的进货价格上涨。但是，先从手中的（价格未上
涨时购入）库存开始用于生产制造，所以手里尚有库存时
价格上涨的冲击并不会反映在 P/L 的利润中。若要把握这
一时机，就要重新考虑事业计划和下单方法。

# 第6章

现金流量表的构成和重点

## ◎现金流量表和 P/L 有何不同？

现金流量表展示了一定期间内现金（金钱）的流动（出入、流向）。P/L 表示一定期间内的盈利，也就是利润是怎么产生的，但现金流量表表示的是现金（金钱）是如何产生的。这么说大家可能会想"利润和现金（金钱）有什么不同"，的确如此，利润和现金是不同的。

我们来复习一下 P/L，销售额和费用与现金的动向不同，以不同的时间顺序记录在 P/L 中。比如，销售额是根据实现主义作为具有代表性的时间点在"出货"时进行记录。另外，记录销售额和费用的同时也会记录利润，但这个时候钱尚未收回。所以，P/L 的利润获得认可的时候，资金尚未收回。这也是利润和资金有所出入的原因。总之，只用 P/L，我们并不能明白一定期间内现金的实际流动。

从2000年3月期开始，现金流量表被引入日本。泡沫经济之后，日本经济陷入低迷，所以政府为了从海外引回现金而大幅度地重建日本的金融系统，即金融大爆炸。作为其中一环，会计制度也获得了大幅更新（会计大爆炸）。主要目的是变更成对于海外投资家来说简洁易懂的制度。仅仅几年时间，就接连不断地变更了10多条会计规则并加以实施。其中一条便是现金流量表。

而且，当时，有的公司 P/L 上显示有盈余，但突然就破产了，即盈利破产成了社会性问题。公司 P/L 上出现临时赤字并不会破产倒闭，但支付期限来临用于支付的资金不足就会面临倒闭。投资人、股东、金融机构、客户等企业利害关系人中，光看 P/L 并不能了解企业的财务状况、想通过资金层面来了解公司经营状况、想获得这方面信息的需求越来越高。

现金流量表就是在这种情况下被引进到日本的。


◎ 抓住3种现金流


现金流量表是由3种现金流组成的（图表6-1）。


· 营业活动现金流
· 投资活动现金流
· 筹资活动现金流

我们来讲解一下各种现金流的意思（以下将现金流略称 CF）。

### 现金流量表的模型
### 现金流量表

| I | 营业活动现金流 | |
|---|---|---|
| | 调整税金等之前的当期净利润 | ＊＊＊＊＊ |
| | 折旧费用 | ＊＊＊＊＊ |
| | 呆账准备金的增加额 | ＊＊＊＊＊ |
| | 应收利息和应收分红 | △＊＊＊＊＊ |
| | 支付利息 | ＊＊＊＊＊ |
| | 有形固定资产销售利润 | △＊＊＊＊＊ |
| | 销售债权的增加额 | △＊＊＊＊＊ |
| | 现货资产的减少额 | ＊＊＊＊＊ |
| | 进货债务的减少额 | △＊＊＊＊＊ |
| | 　小计 | ＊＊＊＊＊ |
| | 利息以及分红的应收额 | ＊＊＊＊＊ |
| | 利息的支付额 | △＊＊＊＊＊ |
| | 法人税等的支付额 | △＊＊＊＊＊ |
| | 营业活动现金流 | ＊＊＊＊＊ |
| | | |
| II | 投资活动现金流 | |
| | 获取有价证券时的支出 | △＊＊＊＊＊ |
| | 销售有价证券时的收入 | ＊＊＊＊＊ |
| | 获得有形固定资产时的支出 | △＊＊＊＊＊ |
| | 销售有形固定资产时的收入 | ＊＊＊＊＊ |
| | 获得投资有价证券时的支出 | △＊＊＊＊＊ |
| | 销售投资有价证券时的收入 | ＊＊＊＊＊ |
| | 放款时的支出 | △＊＊＊＊＊ |
| | 回收贷款时的收入 | ＊＊＊＊＊ |
| | 投资活动现金流 | △＊＊＊＊＊ |
| | | |
| III | 财务活动现金流 | |
| | 短期借款收入 | ＊＊＊＊＊ |
| | 偿还短期借款时的支出 | △＊＊＊＊＊ |
| | 长期借款收入 | ＊＊＊＊＊ |
| | 偿还长期贷款时的支出 | △＊＊＊＊＊ |
| | 发行公司债券获得的收入 | ＊＊＊＊＊ |
| | 偿还公司债券时的支出 | △＊＊＊＊＊ |
| | 发行股票获得的收入 | ＊＊＊＊＊ |
| | 获得自己股票时的支出 | △＊＊＊＊＊ |
| | 支付给母公司的分红 | △＊＊＊＊＊ |
| | 财务活动现金流 | ＊＊＊＊＊ |
| | | |
| IV | 现金以及现金等价物的增加额 | ＊＊＊＊＊ |
| V | 现金以及现金等价物起初余额 | ＊＊＊＊＊ |
| VI | 现金以及现金等价物期末余额 | ＊＊＊＊＊ |

图表6-1

### 1. 营业活动现金流

表示在一定时期内公司业务为公司带来多少现金（是否带来）。说到营业活动带来的现金流，看上去和 P/L 的营业利润有关系，但和 P/L 利润相当的是"当期净利润"。如果能仔细思考营业活动带来的现金流的内涵，就会发现其中已经扣除了（支付）利息、税金。也就是说，营业活动带来的现金流是当期净利润的现金版。

### 2. 投资活动现金流

表示为了实现公司业务增长等而使用部分资金，或者出售已经投资的资产而获得一定的现金。也会因公司业务内容和成长舞台而有所不同，但一般来说，从为公司将来而投资这一观点来看，投资活动带来的现金流具有正向期待。

### 3. 筹资活动现金流

表示为了业务发展，公司如何进行必要的资金调动，或者是否有回报。记录了从股东处募集资金（增资）、还原（减资、分红、购买自己公司股票）、从银行募集资金（借款）和偿还、公司债的发行和偿还等。

这3种现金流的总和是合计现金流。现金流量表中，也会显示出最终的现金余额。

◎ 现金流量表以及4个应该注意的重点

方法论很多，但如果能掌握以下4个重点就完全有可能从资金层面掌握公司的经营状况。

### 1. 公司是否通过业务赚取利润？

营业 CF 是否有盈余。营业 CF 为赤字，则意味着越是继续经营这项业务公司的现金流出越多。当然，因临时调整等原因出现赤字需另当别论，但营业 CF 连续赤字早晚会阻碍公司经营。

### 2. 投资是否是为了公司的将来？

投资 CF 是否为负数。比如，在制造业中，为了升级生产线、不断提高生产能力而需要不断增加设备投资。这些都是对有形固定资产的投资，因为需要支付现金，所以投资 CF 会呈现负数。但是投资 CF 中也包括有价证券和贷（出）款。根据投资内容不同，我们一般认为对这些项目的投资在促进公司业务发展上作用很小。所以，我们也希望投资 CF 整体呈现负数，但审视公司的投资项目、项目内容也非常重要。

另外，在不同行业中，有的公司重视研究开发方面的投资或者对人才的投资。对这些方面的投资，在 CF 流量表上包含在营业 CF 中。请大家注意，公司的投资不可能全部体现在投资 CF 中。

### 3. 自由现金流是正数吗？

我们将营业 CF 和投资 CF 合称为自由现金流量（和融资中自由现金流的意思有些差别）。公司盈利中的现金，在进行必要投资之后是否还有剩余，就看自由现金流是否为正数。

如果是个人，"从收入中扣除维持生活的必要开销费用是否还有剩余"。如果还有余力，就可以为将来追加可用金额（为提升技能而考取 MBA 等）。如果没有余力，仅能维持现在的生活，一旦发生不测就会陷入困境。

对公司来说，也同样如此。从业务经营获得的现金中扣除日常投资的金额，如果尚有剩余，可以用于更积极的设备投资以及研究开发等。或者以改善财务体系为目的，用于偿还有利息的负债。从这点来看，我们要着眼于从营业 CF 中扣除了日常投资的自由现金流。

## 4. 利润之间的平衡是否恰当？

指是否出现"营业 CF ＞ 当期净利润"的状况。多数情况下，现金流量表是用间接法制成的（本章后半部分进行详细说明），在这种间接法中，从 P/L 的（联结）税前利润开始进行调整计算。

而且，调整项目中也包括和（营业外收益费用的）应收利息／支付利息相当的项目以及和法人税等相当的项目。从这一点也能看出，营业 CF 是当期净利润的现金版。

P/L 中，在记录当期净利润之前，需要扣除各种各样的费用，但并不是所有的费用都需要现金支出。比如，折旧费，实际上并不需要支付费用。所以，制作间接法的现金流量表时，需要调整补充折旧费用。也就是说，这时的营业 CF 比当期净利润更多（法人税等的支付金额和 P/L

的税金费用相等）。

　　然而，如果销售债权（销售金额未回收部分）和现货资产增加了，这些会成为营业 CF 减少的主要原因。结果就会出现"营业 CF ＜当期净利润"，这种情况下，销售债权的未回收部分和现货资产的增加会非常明显，大家要注意"黑字破产"的风险。

　　"黑字破产"是指 P/L 上明明是黑字（盈利）却破产了。来看看具体的案例。

　　2015年4月，福井县总公司的东证1部上市公司江守集团申请了民事重组，实质上已经破产倒闭。但是，截至2014年3月，这家公司在财务上一直是"盈利决算"。那么，到2015年3月期间，它的经营状况是急速恶化的吗？

　　实际上，从很久以前，财务报表上就已经有所征兆。

　　我们来看一下这家公司的《有价证券报告书》，当期净利润和营业 CF 如图表6-2所示。

（单位：百万日元）

| 年度 | 2010年3月期 | 2011年3月期 | 2012年3月期 | 2013年3月期 | 2014年3月期 |
|------|-------------|-------------|-------------|-------------|-------------|
| 当期净利润 | 1021 | 1367 | 1689 | 1919 | 3323 |
| 营业CF | △717 | △6678 | △6915 | △2670 | △5197 |

图表6-2 江守集团 当期净利润和营业 CF

通过该公司发布的报表，我们看到当期净利润和营业现金流量表差的主要原因是对顾客的货款滞留。该公司的营业现金流量表持续负数也证明了这一问题。

公司连续几年赤字也不见得立刻破产，一旦资金断裂就会马上倒闭。也就是说，单纯看 P/L 的利润，并不能预测公司是否会破产倒闭。在江守集团的案例中，P/L 持续盈利，而且销售额在最近5年也增长了300%以上。看上去好像是超级优秀的企业，但从现金流量表上一眼就能看出，至少从5年前开始主业中的现金就在不断流失。而且，这是一个典型的盈利破产的案例。

从这个案例中可以再次看到现金流量表的重要性。

◎读一读真正的现金流量表吧

了解了以上4个现金流量表的评价要点，再来看一下图表6-3中3种类型的现金流量表。

另外，简单的现金流量表中的"调整额"合算了各种营业活动中的所有现金流量表的调整项目。一起来看一下包含了哪些项目吧。

|  | 类型1 | | 类型2 | | 类型3 | |
|---|---|---|---|---|---|---|
| **营业现金流量表** | | | | | | |
| 当期净利润 | 200 | | 当期净利润 | 400 | 当期净利润 | 300 |
| 调整额 | 400 | | 调整额 | −500 | 调整额 | −100 |
| 营业CF | 600 | | 营业CF | −100 | 营业CF | 200 |
| **投资现金流量表** | | | | | | |
| 投资CF | −300 | | 投资CF | 200 | 投资CF | −600 |
| **财务现金流量表** | | | | | | |
| 财务CF | −100 | | 财务CF | 300 | 财务CF | 200 |
| **现金流量表合计** | 200 | | **现金流量表合计** | 400 | **现金流量表合计** | −200 |

图表6-3 分析现金流量表——演示

## 类型1

这是典型的良好类型。

首先，事业活动赚取的金额是黑字即盈利，且比当期净利润更多（3倍）。

其次，在营业 CF 的范围中，还有为将来进行的投资，自由现金流量表也是正数。可以看出为了压缩有利息的负债，已经从自由现金流量中拿出资金去偿还了一部分借款。

## 类型2

这是黑字破产的典型类型。

虽然当期净利润是黑字，但营业 CF 是赤字。请注意，虽然是因为调整额的大额负数，但其本身也是因为销售债券的增加以及现货资产的增加。可以推断出，因为事业活动中资金不断流出，所以正在出售固定资产且重新办理借款。

## 类型3

这一类型中，与其看其优劣，倒不如关注投资 CF。其结果就是自由现金流量表出现负数。这就像每个月300工资的人却需要支出600。单从这一点来看，有的部分我们并不能判断其优劣，但假如这种状况的现金流量表持续几年时间，什么企业的资金都会被掏空。另外，如果是战略性的企业并购（M&A）、设备投资等多年一次的投资，并不在此范围内。投资的内容以及相伴随的现金余额都值得推敲。

只要看这4点，通过现金流量表就能很好地读取公司资金层面的财务状况。

再来看一点非常重要的内容。现金流量表并不会展示公司在一定期间内资金增长多少。也就是说，并不是资金增长越多越好。如果这样，类型2会比类型1更好。

通过以上演示，大家能够明白以下内容即可：现金流量表并不能展示资金增长多少，而是为了评价公司怎么获得资金、把资金投放到哪里的过程。

## ◎现金流量表也是各式各样

现金流量表的制作方法有直接法和间接法。

两者的区别在于营业 CF，投资 CF 和财务 CF 并无不同。直接法中，会分别罗列出"……的收入""……的支出"这样的收入、支出名目。导入现金流量表之前的资金收支表就是使用直接法制作的。现在，很多公司使用间接法制作现金流量表。因为这是以 P/L 和 B/S 的项目为基础而延伸制作出现金流量表，称为间接法。

我们不必详细地了解使用间接法制作现金流量表的制作方法，但需要讲解一下经常有疑问的几个地方（图表6-4）。

| 直接法 | 间接法 | |
|---|---|---|
| ＋ 营业收入 | ＋ 税金等调整前的利润 | 非资金费用 |
| － 买进原材料、商品的支出 | ＋ 折旧费 | |
| － 人工费支出 | － 应收利息、应收分红 | 营业外费用和收益 |
| － 员工奖金 | ＋ 支付利息 | |
| － 其他的营业支出 | － 有形固定资产销售收益 | 投资 CF |
| | － 有价证券销售收益 | |
| | － 流动资产的增加额 | 运营资本的调整 |
| | ＋ 流动负债的增加额 | |
| 小　计 | 小　计 | |
| ＋ 利息、分红的应收额度 | ＋ 利息、分红的应收额度 | |
| － 利息的支出额度 | － 利息的支出额度 | |
| － 法人税等的支出额度 | － 法人税等的支出额度 | |
| 合　计 | 合　计 | |

图表6-4 直接法 vs 间接法（营业 CF）

〈为什么加上折旧费？〉

　　间接法的营业 CF 是从（联结）税金等调整前当期净利润（以下称税前利润）开始调整计算的。简而言之，这是通过对税前利润进行调整来把税前利润换读为营业 CF 的过程。但是，如果不进行任何调整，税前利润就会原封不动地记录为营业 CF。

　　那么，P/L 中，在追求税前利润的过程中已经减除了折旧费。然而，折旧费并不需要每年单独支付。获得固定资产的时候已经支付过折旧费了。所以，通过返还折旧费来调整营业 CF 即资金的流动。

来看一个简单的例子。图表6-5。

| 销售额 | 100 | 现金收入 |
|---|---|---|
| 费用（只有折旧费） | 60 | 无须支付 |
| 税前利润 | 40 | |

图表6-5

间接法中营业 CF 的调整计算从税前利润40开始。如果无须进行任何调整计算，税前利润40就会原封不动地记录为营业 CF。但是，这种情况下，公司收到的现金是100。这一税前利润和公司收到的现金不一致是因为并没有通过计算税前利润而用现金支付折旧费用。所以，需要通过返还折旧费使营业 CF 和公司收到的现金100相一致。

准备金（编入金额）也完全相同。比如，奖励准备金（编入金额）在 P/L 中是费用，但实际给员工发放奖金的时候才需要支付现金。所以，作为 P/L 费用的奖励准备金会通过调整营业 CF 进行返还。像这样，虽然是 P/L 中的费用，但当期并不需要支付现金的项目，我们称之为"非资金费用"。

## 〈为什么固定资产销售利润是负数？〉

还有一个疑问是，固定资产销售利润是销售获得的现金，但通过调整营业 CF 而变成了负数即消失不见了，这是为什么？

原因有二。第一，P/L 中记录的固定资产销售利润并不是通过销售获得的收益金额。比如，把账面价值100的固定资产以150的价格出售，P/L 的固定资产销售利润是50（=150－100）。

另一方面，现金流量表中，记录的销售获得的收入金额是150。销售利润（销售亏损的情况下也一样）并非收入金额，一旦通过调整变成负数（亏损的情况下是正数）就会消失。

第二，作为现金流量表上的划分，固定资产的销售收入记录在"投资 CF"的部分。所以，营业 CF 中固定资产的销售利润／销售亏损以负数／正数而消去之后，以上情况下，固定资产的销售收入在投资 CF 中记录为150。

## 〈为什么支付利息是负数？〉

P/L 中记录的支付利息（应收利息也一样），严格来说不仅仅是当期实际支付的利息。比如，3月发生的支付利息（100），实际在4月支付。在 P/L 中，这个100会记录为3月份的支付利息，但现金流量表上，3月结算的公司在下一年的4月份 P/L 和现金流量表就会出现金额差。所以，一旦消去 P/L 上记录的支付利息（应收利息），计入正数 / 负数的调整、部分合计之后要重新以本期实际支付 / 收到的利息金额来记录利息的支付金额 / 收到金额。

而且，将支付利息调整到财务活动 CF、将应收利息以及分红金调整到投资活动 CF 中也得到了认可。无论选择哪一种，选择的方法都要可持续、适用。

顺便说一下，本书中所有的说明都默认 B/S 的"现金以及存储金"现金流量表中的现金是相同的。但实际上两者的定义并不相同。

B/S 的流动资产中包含的现金以及存储金是指手里的现金以及1年内到期的定期存款（一年原则）。另一方面，从更重视流动性、手里现金和能马上变成现金的角度来看，现金流量表中的现金（现金同等物）由3个月期的存储金以及以短期运用为目的的有价证券（B/S 中表示为有价证券）构成。两者的项目以及金额的差异记录在财务报表的注记（现金流量表相关）中。

## ◎周转资本是指"持续商业活动所需的现金"

维持事业活动、并且运转商业所需的资金称周转资本（working capital 简称 WC）。

比如，在普通的生产行业中，生产商品需要购买原材料、进行加工、销售，这都是基本的流程。销售后的一定期间（回收票期）内才有现金收入。采购原材料之后到收到现金之间会有几个月的时间。

另一方面，通常情况下，支付原材料和劳务费用都在收到现金之前。支付时，如果没有现金，就会露出实质性的破绽，所以需要准备能用于先行支付的现金（图表6-6）。这时，应该准备的现金就是周转资本（WC），也是公司资金操作的重要一环。

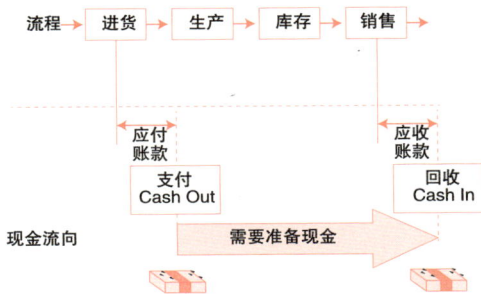

图表6-6 周转资本（WC）

从原材料等的采购费用支付节点到销售货款的回收时间节点相隔越长，需要的周转资本越大。

有几个公式可以计算周转资本数额，举例如下。

周转资本＝销售债券＋现货资产－进货债务

图表6-7中涂抹部分相当于周转资本。周转资本在 B/S 中的位置在右侧，因为是每日变化的流动资金，所以正好搭配流动负债（也就是借款）。

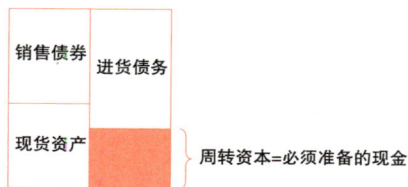

图表6-7

那么，公司运转中销售债券激增是什么状况？

考虑到几种特殊情况，比如客户的应付账款迟迟未到。另外，现货资产增加的主要原因有不良库存和滞留库存。平时，会经常强调尽早收回货款或者压缩库存等，但是从资金运作层面来看，我们也能想到周转资本的压缩＝减少不必要的借款。

### ◎只有事业增长时才要注意周转资本

销售货款的回收推迟、库存滞留都是经营不景气的征兆。如果出现这种状况，经营者就要注意"资金是否万无一失"。然而，有时候销售货款回收及时、没有滞留库存、采购货款不用过早支付，尽管出现以上情况，周转资本却增加了。要说是哪里发生了变化，可能是销售额增长。一般来说，销售额增长说明事业发展顺利，值得高兴。但是，实际上正是因为事业增长了才会出现资金（周转资本）不足。

销售额增长的时候，采购费用、现货资产的金额以及销售货款也会增加。图表6-8显示了这一状况。如果所有项目等比例增长，即使没有出现销售货款和现货资产滞留，周转资本的"绝对额"有时也会增加。而且，重要的是需要支付的采购费用会比回收销售货款更先到来。也就是说，如果不提前准备增加的周转资本，资金周转上可能会出现困难。

只有急剧增长的公司才需要准备额外增加的周转资本，适时、适当的资金调动非常重要。

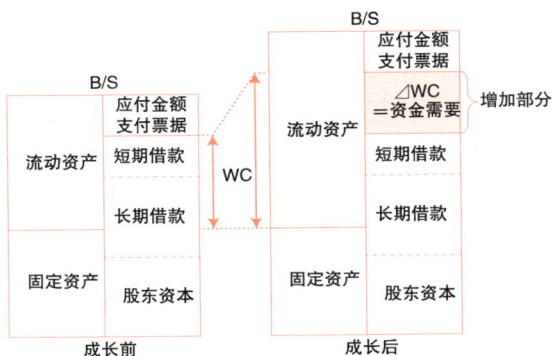

图表6-8 增长期间 B/S 的变化

# 第2部

财务报表活用篇

# 第7章

## 财务指标的种类和要点

## ◎通过财务指标比较·分析公司

比较、讨论、评价公司的财务报表时，财务指标是一个便利的工具。

评价公司业绩和财务状态优劣时，通常会比较同行业其他公司和本公司曾经的数字、数值。分析使用了财务指标的财务报表时也是一样。

财务指标使用了 P/L 利润和销售额等财务报表数字的比率、次数、倍率等的单位来表示。在规模较大的公司中，销售额和资产金额大，如果只用金额来把握从前期开始的增减，会因为单位过大而难以掌握真实状况。或者，在比较不同规模的公司业绩时，很难单从金额的角度来比较。财务指标能将公司规模具体化，这样一来，就可以比较公司的业绩等。

〈按照时间顺序比较〉

通过对比过去和现在的数值，可以把握发展倾向。

〈和平均值比较〉

通过和业界平均值比较，可以把握自己公司的强项和弱项。

〈和竞争公司比较〉

通过和竞争公司比较，可以把握自己公司的强项和弱项。

〈和目标比较〉

通过比较中长期的社会目标值，可以把握目标值之间的差异。把握了差异，可以分析原因、制定并实施改善策略。


根据分析财务报表的目的，财务指标分为几个种类。

在评价公司经营是否顺利时，并不是从一个方面评价，比如事业的增长，重要的是从多方面评价。公司是人的聚集地，和人一样是多方面的存在。比如，即便是成长速度非常快的公司，周转资本充足，若不能适时地调整资金，也会面临倒闭的风险。从单一方面评价，就会存在判断错误的风险。所以，应该从增长性、收益性、效率性、安全性及综合力这些角度出发，多方面地分析、评价一家公司（图表7-1）。

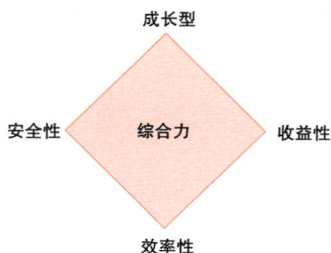

图表7-1 指标分析的方法

　　另外，根据评价立场的不同，侧重点也会发生变化。比如，居于以下立场时你会如何处理？

**〈投资家、股东〉**

　　可用作判断投资意向的依据。以综合力、增长性、收益性为中心加以考量。

**〈客户、债权人〉**

　　用作把握信用度的依据。以安全性为中心加以考量。

**〈经营者〉**

　　灵活运用财务指标以把握事业计划的推进状况以及计

划和实际业绩之间的差异、把握经营课题。经营者需要均衡地考察综合力、增长性、收益性、安全性、效率性。

评价者考察公司时不仅仅要看数据的优劣，还要根据立场的不同、关心的事项是什么，来改变所重视的财务指标。

◎ "财务指标的使用方法①"增长性分析

预测公司在一定时期内事业规模会增长到什么程度。

〈销售额增长率〉

销售额增长率 =（当年度销售额 - 上年度销售额）÷ 上年度销售额

从公司增长这一点来看，销售额增长率是最基础的指标。公司的增长率不是独立存在的，还关系到了市场增长率和物价上涨率，需综合考虑。

销售额的增长也是公司提供的产品和服务被社会所接

受的体现。公司社会存在感增长的同时，信用力也在增长。

产品和服务也有生命周期。度过了增长期还会迎来成熟期、衰退期，公司不可能保持永远增长。也就是说，为了保持公司的持续增长，需要定期审视公司的产品和服务，寻找替代品。或者，不仅仅在公司内部开发新产品和新服务，也可以采用通过企业并购来提高销售额的方法。

销售额增长率高是我们所希望的，但事业急剧增长的时候可能会出现周转资本不足的情况，所以要注意资金短缺。

〈总资产增长率〉

总资产增长率 =（当年度资产合计 - 上一年度资产合计）÷ 上一年度资产合计

总资产增长率是展示公司财产规模增长的指标。总资产增长率越大，说明公司财产规模正在扩大。

公司的资产就是获得销售额和利润的道具，所以并不能说只有总资产增长了。所以，总资产的增加是否关系到了销售额和利润的增加，要通过和销售额之间的平衡进行评价。

## ◎ "财务指标的使用方法②" 收益性分析

收益性表示公司赚取利润能力的大小。通过收益性，把握公司赚取利润的能力的同时，还可以把握公司在哪一个阶段赚取利润。

### 〈销售额总利润率〉

销售额总利润率 = 销售额总利润 ÷ 销售额

销售额总利润率表示相对于销售额公司产品和服务附加价值的大小。也被称为毛利率、价差率等。

销售额总利润率高，可以保证售价高于采购价或者生产原价。也就是说，即使价格相对高昂，但仍然是具有品牌和品质等、具有购买魅力的产品和服务。另外，通过降低进货价等减少成本的努力，也可以提升改善销售额总利润率措施所带来的效果。

### 〈销售额营业利润率〉

销售额营业利润率 = 营业利润 ÷ 销售额

销售额营业利润率是指公司主业的利润率。产品和服务在生产后还要经过广告宣传和促销等销售业务、经理和总务等的管理业务来完成货款回收等，才能完成一系列的业务活动。这一系列的业务活动就是公司的主业，从销售额总利润中扣除销售费用以及一般管理费后剩余的营业利润在销售额中所占的比例就是销售额营业利润率。

### 〈销售额经常利润率〉

销售额经常利润率是指包含了支撑主业的财务活动等主业之外的企业活动在内的利润率，表示加入了主业的收益性、包含了金融收支和资金募集能力等的财务体制的综合收益率。

日本企业向来对从间接金融机构即银行等金融机构借款的依赖度很高，销售额经常利润率作为包含了利息负担的收益性指标受到了重视。而且，经常利润是日本特有的利润概念。

### 〈销售额当期净利润率〉

销售额当期净利润率是指一定时期内作为所有的企业

活动所获得的利润率。最终的利润（现在记录的是当期净利润之后的包含利润，但这里使用了传统的表达方式）表示和股东的分红本金以及资本增加的关联程度如何。

销售额当期净利润率受到一般企业活动之外的活动（通过固定资产销售获得的利润和业绩差的事业以及子公司调整带来的损失）的影响。所以，无论当期净利润率高或者低，我们都有必要确认一下是什么原因导致了现在的利润率、确认一下具体内容。

## ◎ "财务指标的使用方法③"效率性分析

效率性是测量企业是否能有效利用从外部募集的资金来提升销售额、利润的指标。同样的成果，花费的资金越少效率越高。比如，职业运动中，年薪总额100亿日元获胜50次的团队和年薪总额20亿日元获胜50次的团队，从资金的有效利用来看，后者的效率是前者的5倍，效率性更加优秀。

经营中的效率低下，如销售债券回收迟缓、库存滞留等现象，都会造成周转资本的增加。也就是说，一旦经营效率恶化，就需要追加这部分的资金。相比利息负担的加重，更严重的是一旦收益下降、无法募集资金，就可能出现最坏的情况而导致事业难以为继。

### 〈总资产周转率〉

总资产周转率 ＝ 销售总额 ÷ 总资产（资产合计）

总资产周转率是表示如何有效使用公司资产、促进销售额增长的指标。以运动团队为例，有效利用运动员、运动职能人员、设施等所有资源能有多大可能获得胜利。总资产周转率越高，越能有效利用资产来提高销售额。

### 〈销售债权周转率〉

销售债权周转率 ＝ 销售总额 ÷ 销售债权

销售债权周转率是指公司的销售债权是否以某种程度回收的比率。销售债权一般包括应收票据、赊购金、呆账准备金、票据贴现额。销售债权周转率越高越能在短期内从客户手里收回销售债权。

〈销售债权周转时间（天数）〉

销售债权周转时间（天数）＝销售债权÷（销售总额÷365天）

销售债权周转时间（天数）表示销售债权相当于销售总额多少天的量。销售债权周转时间（天数）是销售债权周转率的倒数。

〈现货资产周转率〉

现货资产周转率＝销售成本÷现货资产

现货资产周转率表示如何使用较少的现货资产提升更多的销售总额。也称为库存周转率。现货资产中一般包括原材料、半成品、中间产品、商品、储藏品。现货资产周转率越高，现货资产越能有效地提升销售额。

〈现货资产周转时间（天数）〉

现货资产周转时间（天数）＝现货资产÷（销售成本÷365天）

现货资产周转时间表示现货资产相当于销售成本多少天的量。现货资产周转时间（天数）是现货资产周转率的倒数。

那么，计算销售债权周转率以及销售债权周转时间（天数）时，通常使用销售总额。另外，计算现货资产周转率以及现货资产周转时间（天数）时，使用销售成本。销售债权的金额包括销售货款即原价中包括利润，与此相对，现货资产的金额中不包括利润。所以，使用包含利润的金额（销售债权和销售总额）和不包含利润的金额（现货资产和销售成本）来计算更符合对应关系，计算的周转率和周转时间更准确。

而且，想让计算简洁化的时候，以掌握过去的周转率和周转时间倾向为目的时，现货资产周转率等的计算中也会使用销售总额。

〈采购债务周转率〉

采购债务周转率 ＝ 销售成本 ÷ 采购债务

采购债务周转率表示是否得到有效管理。采购债务中一般包括应付票据、应付账款。采购债务周转率越高，采购债务支付周期越短。从资金周转的角度来看，采购债务支付越晚（相反，销售债务的回收越早越好）越有利于公司储蓄现金。也就是说，采购债务周转率越低越好。另外，从收益性来看，也可以考虑通过提前支付采购债务来获得采购金额的部分减少（获得采购折扣）等措施。也需要考虑资金周转和收益性两者的平衡。

### 〈采购债务周转时间（天数）〉

采购债务周转时间（天数）＝采购债务÷（销售成本÷365天）

采购债务周转时间（天数）表示采购债务相当于销售成本多少天的量。采购债务周转时间（天数）是采购债务周转率的倒数。

### ◎ "财务指标的使用方法④"安全性分析

安全性是指对于债权者是否具有足够的偿还能力。如果不能准时偿还债权者的债务，公司就会倒闭。安全性也是评价公司倒闭风险的财务指标。安全性的财务指标很多会通过比较B/S的资金募集方法和资产构成平衡来展示，比如总资产和自有资本的平衡、流动资产和流动负债的平衡、自有资本和固定资产的平衡等。

### 〈自有资本比率〉

自有资本比率表示用自己持有的现金（自有资本）募集到的资产在总资产中占的比例。因为自己持有的资金不用向外部偿还，所以从事业的各种投资中有多少不需要偿还的资金这一点来掌握公司的财务安全性。自有资本从净资产中扣除新股预约权（联结B/S中，也要扣除非控股股东持有部分）再计算。

从财务安全性的观点来看，自有资本比率越高越安全，也可以说是越处于难以倒闭的状态。但是，从经营的观点来看，有时候也不能说安全性越高越好。比如，有的产品销售良好。预计今后5年间都会保持和现在同等的销量，但现在的生产设备是全自动运转状态，所以为了增加现有产量，就需要增强设备，需要10亿日元的借款资金。这种情况下，如果重视安全性而不借款10亿日元，虽然保证了高安全性，但同时也失去了提高销量和改善收益的机会。重要的是保持适度的平衡。

〈流动比率〉

流动比率＝流动资产÷流动负债

流动比率反映短期的支付能力，表示短期内（1年以内）可作为现金的流动资产能覆盖多少短期内要支付的流动负债。然而，流动资产中也可能会有不确定是否能转换成现金的资产，比如不良债权和不良库存。所以，即使流动比率高的情况下，也需要确认一下资产内容，确认流动资产中是否包含这种不良资产。

流动比率的目标，200%是理想状态，但能达到150%，安全性上也不会存在问题。

〈活期存款比率〉

活期存款比率和流动比率一样，也表示短期内的支付能力。和流动比率的不同点在于：扣除了现货资产等的流动资产（活期存款资产）能覆盖多少短期内（大概1年以内）需要支付的流动负债。之所以扣除现货资产是因为相比其他流动资产其更难转换为现金或者具有长期持有的可能。和流动比率需要注意的地方一样，现货资产需要经过销售并且收回货款才能变成现金。现货资产可能会滞留，可能会变成不良资产，也存在无法出售而被废弃的风险。所以，才会扣除具有这种风险的现货资产再来看其能覆盖多少流动负债。也就是说，这是比流动比率更保守的指标，希望"活期存款比率＞流动负债"（活期存款比率＞100%）。

〈 固定比率 〉

固定比率 ＝ 固定资产 ÷ 净资产

固定比率是表示固定资产募集资金的安全性的比率。生产设备等固定资产一旦投入，就会在投入后的几年内通过生产、销售活动收回。可以说，经过漫长时期的资金已经在"睡觉"了。假如这些钱是通过短期借款募集的，并且需要在1年之内偿还，就会造成还款困难。因此，投资到固定资产上的资金，要尽可能使用无须偿还的、安定的资金即净资产来募集更安全。固定资产比率，一般的理想状况是空载在 100% 以内。但是，因为折旧固定资产会缩水（生产设备老化）等情况下，可能出现生产力下降、收益下降、将来的竞争力减弱，需要多加注意。

〈固定长期适合率〉

固定长期适合率＝固定资产÷（固定资产＋净资产）

固定长期适合率是补充固定比率的指标。在电力、燃气、航空、铁路等行业，为了经营事业需要投入大量的资金。这些公司很难单纯依靠投资人、股东的出资，所以可以结合银行等融资机构来募集资金。固定长期适合率表示加上净资产、还款周期长的公司债务和长期借款等固定债务结合起来的募集资金能否覆盖固定资产。固定长期适合率的理想状态一般是 100% 以内。

〈手头流动性〉

手头资金流动性＝现金存款＋短期持有的有价证券

手头资金流动性比率＝（现金存款＋短期持有的有价

证券）÷（销售总额÷365天）

　　手头资金流动性表示持短期内可用于支付的现金和存款、能马上转化为现金的短期持有有价证券的多少。流动资产、流动负债都是短期内（1年内）收入或者支出。假如流动负债需要在1个月后偿还，而流动资产预计在6个月后收回，即使流动比率是200%，公司的资金周转也会陷入困境。所以，资金账面上有多少能立刻用于偿还账务的资金是经营上非常重要的一个关注点。

　　手头流动性有时候表示手头资金（现金存款、短期持有的有价证券）本身，有时候表示手头资金相当于销售总额多少天的量。表示后者的时候，一般以销售总额30天量的手头资金为目标。

〈利息保证率〉

　　利息保证率＝（营业利润＋应收利息×分红金）÷支付利息

　　利息保证率表示一般活动中赚取的利润即主业利润的

营业利润和金融收益（应收利息、应收分红金等）超出支付利息的多少。利息保证率越高意味着支付利息的支付余力越大、财务的健全性越高。另外，作为分母的支付利息不仅包括借款的支付利息，也包括公司债务利息等和利息负债相关联的所有利息。

处于成长阶段的公司，有时候为了扩大业务需要增加临时借款。所以，考虑到公司处于成长阶段，希望大家能够了解这一比率。日本的上市企业，平均利息保证率大约为11倍。

◎ "财务指标的使用方法⑤"综合力分析

作为表示公司具有代表性的综合收益能力的指标，分为 ROA（总资产利润率）和 ROE（自有资本利润率）。

〈ROA（总资产利润率）〉

ROA（总资产利润率）＝经常利润 ÷ 资产合计

ROA 表示利用公司持有的资产（总资产）获得利润的多少。

ROA 分解为销售总经常利润率和总资产周转率（图表
7-2）。

$$ROA = \frac{经常利润}{资产合计} = \frac{经常利润}{销售总额} \times \frac{销售总额}{资产合计}$$

销售总额　　　总资产
经常利润率　　周转率

图表7-2

为了改善 ROA，需要提高销售总额经常利润率或者总
资产周转率。另外，ROA 的分子中，有时候除了经常利润
之外也会用到营业利润、当期净利润。

〈ROE（自有资本利润率）〉

ROE（自有资本利润率）= 当期净利润 ÷ 自有资本

ROE 表示对于股东持有的自有资本能创造多少利润。

ROE 的分子是股东的利润（给股东的分红金的原资）
即当期净利润（联结 P/L 中，从2015年4月1日开始的事业
年度开始，名称变更为"归属于母公司股东的当期净利

润"），分母是自有资本。自有资本的计算需从净资产中扣除新股预约权（联结 B/S 中，也要扣除非控股股东持有部分）。

ROE 作为投资者将其他投资机会（投资金融资产等）和向公司投资作比较的手段，在欧美国家得到广泛应用。即使在日本，在企业活动国际化和企业目标由事业规模（销售总额）向重视利润转移的洪流中，以 ROE 为目标的公司不断增加。这一洪流中，2015年施行的治理新准则更进一步加速了这一进程。

ROE 分解为销售总额当期净利润率、总资产周转率、财务举债经营（图表7-3）。

$$ROE = \frac{当期净利润}{自有资本} = \frac{当期净利润}{销售总额} \times \frac{销售总额}{资产合计} \times \frac{资产合计}{自有资本}$$

销售总额当期净利润率　总资产周转率　财务举债经营

图表7-3

为了改善 ROE，需要提升销售总额当期净利润率、总资产周转率、财务举债经营其中的一个。

销售总额当期净利润率（收益性）、总资产周转率（效率性）和 ROA 是相同的概念，但财务举债经营增加的点有所不同。财务举债经营表示对于自有资本是否能灵活使用大部分负债，所以是自有资本率的倒数。财务举债经营上升，相对应地负债比率也会提高。可以说作为经营者也需要考虑如何有效使用负债，但财务举债经营高涨可能会变成借款体质，所以要注意其平衡度。

当然，我们都希望回报（利润）越高越好，但回报的背后往往存在风险。在日本，像国债这样价值变动小的投资低风险低回报，会根据业绩变动价值发生大变动的公司股票就是高风险高回报，所以要关注 ROE 是否结合了风险的。

关于 ROE，近年来，经营者在讲述经营方针和经营目标时会用到、经济新闻中用到的机会也不断增加。我想很多商务人士都曾经听到过这个词，为什么 ROE 会这么受人关注呢？

其中一大理由就是在股票投资的世界中机构投资者的存在感不断增加。投资者会考虑把自己的资金投在银行存款、国债、公司债务、股票、不动产投资信托等各种金融商品中的哪一种。这种情况下一个很重要的判断因素就是投资回报。银行存款有存款利息，国债有收益率，股票就有 ROE。

2017年3月期的东证1部上市公司平均 ROE 超过8%，3家公司中有1家公司超过10%（即便如此，相比超过20%也不足为奇的欧美各国的水准，不得不说确实很低）。在这样的背景下，外国投资者、日本国内的机构投资者和个人投资者的投资活动生气勃勃，在股东董事会上，投资者对于经营者要求提高投资的回报也变成了寻常景象，股东更加重视经营，而经营者也开始尊重股东的声音。

## ◎净资产、自有资本、股东资本的差异

ROE 和自有资本比率的计算公式中出现了"自有资本"一词，但 B/S 中资产和负债的差额记录为"净资产"。另外，相似的文脉中还出现了"股东资本"一词。净资产、自有资本、股东资本哪一个都是公司的实质财产，即使没有注意到彼此之间的差异也不要紧。2006年公司法更改之前，三者之间并没有实质性的差别（之前原本就没有净资

产这一概念）。

然而，严格来说，他们之间的差异如下。来看一下日产汽车在2016年3月期的净资产的明细（图表7-4）。

| 净资产的部分 | （单位：百万元） | |
|---|---|---|
| 股东资本 | | |
| 　资本金 | 605814 | |
| 　资本剩余金 | 805646 | |
| 　利润剩余金 | 4150740 | 股东资本 |
| 　自有股票 | – 148684 | |
| 　股东资本合计 | 5413516 | |
| 其他包含利润累计额 | | 自己资本 |
| 　其他有价证券评价差额金 | 64030 | |
| 　递延套期保值损益 | – 4486 | |
| 　汇率换算调整计算 | – 582363 | 净资产 |
| 　退休支付相关的调整累计额 | – 155487 | |
| 　其他（＊） | – 13945 | |
| 　其他包含利润累计额合计 | – 692251 | |
| 新股预约权 | 502 | |
| 非控股股东持有部分 | 418978 | |
| 净资产合计 | 5140745 | |

（＊）对实际上的B/S进行部分加工

图表7-4 日产汽车 2016年3月期 净资产明细

净资产由"股东资本""其他包含利润累计额""新股预约权""非控股股东持有部分（仅限联结财务报表）"4部分构成。如您所见，股东资本是净资产的一部分。

〈股东资本＝资本金＋资本剩余金＋利润剩余金－自有
股份〉

从股东出资（资本金和资本剩余金）和公司迄今为止
赚取的利润累计额（支付分红金等剩余的、内部留存的）
的合计中扣除公司还有的自有股份后剩下的金额。

其他包含利润累计额＝其他有价证券评价差额金＝递
延套期保值损益＋汇率换算调整计算（仅限联结财务报
表）＋退休支付相关调整累计额等

简而言之，就是公司持有的资产和负债的"包含损
益"。比如，"其他有价证券评价差额"是指公司以互相持
有股票的形式等持有的上市公司股票的包含损益。如果现
在出售，能立刻产生损益。"股东资本"是指已经确定的
股东持有的部分，与之不同的是"其他包含利润累计额"
是临时股东持有的部分，要加以区分。

另外"股东资本"＋"其他包含利润累计额"被称为"自
有资本"。实际上，B/S 的记录中并没有自有资本。而且，

一般会被记录为

ROE=（归属于母公司股东）当期净利润 ÷ 自有资本

作为分母的自有资本是股东资本＋其他包含利润累计额。

"新股预约权"的代表案例有认股权，但拥有新股购买权的不限于现在的股东。而且，"非控股股东持有份额"并不是现在公司股东的持有份额。

"股东资本"和"自有资本"有确定和临时的区别，但和公司现在的股东持有部分相对的还有另一部分，那就是不一定是现在股东持有部分的新股预约券和非控股股东持有部分。

大家要注意净资产中也包括公司现有股东持有部分之外的部分。

◎ ROA 和 ROE 的区别

两者的区别在于算法上是否包含财务举债经营，指标表示的意义是否有言外之意。

坦率地讲，ROA 表示经营者的行为表现，ROE 表示股东持有部分的行为表现。

ROA 以经营者的行为表现为评价对象，评价经营者是否灵活利用公司资产提高销售额以及利润。另外，ROE 以股东持有部分的表现为评价对象，评价包括自身投资额在内的持有部分如何创造追加利润从而产生投资回报。两者是外观相似实质不同的财务指标，用于测试不同的评价对象。作为经营者，应该以 ROA 为目的来经营。在不降价的基础上，仅仅有效使用股东持有部分是不可能提高利润的。而且，从 ROA 和 ROE 的计算方式中也能明确看出改善 ROA 的结果可能会带来 ROE 的提升。

最近，越来越多的公司公示 ROE 的目标值。这是因为作为经营者开始重视将重要的企业利害关系人（股东）的意向反映在经营之中。

## ◎财务指标分析的注意点

单单依靠使用财务指标的财务报表分析并不能完全掌

握公司的经营状况和事业战略。大家要注意以下几点。

### 〈会计方针的不同〉

折旧费的计算方法有定额法、定率法等几种方法，在会计规则中都获得了认可。采用不同方法计算得出的资产和利润额有所不同。而且，日本标准、美国会计标准、国际财务报告标准（IFRS）中的会计规则之间也有所不同。所以，大家要注意比较对象是否采用了相同的计算方式。

### 〈获得原价主义〉

B/S 中记录的资产、负债的金额以获得时的金额为基础（这一思考方式被称为获得原价主义）。在现在的会计规则中，关于有价证券和现货资产等一定的资产，决算时点的时价低于获得原价时会被置换为时价，但并不是所有的资产和负债都会修订为决算时点的时价。另外，时价高于获得原价时无需修正为时价，所以资产、负债中存在包含利润、包含损失。

〈财务报表中没有展示的项目〉

自己公司开发、创造的品牌和技术信息等无形资产并不会记录在财务报表上。这是因为虽然我们都明白品牌和技术信息等具有价值，但很难客观地测定其价值。

〈业界特性〉

行业、业界不同，经营事业所需的资产种类、大小和购买其他资产的资金募集方法、事业的收益性等性质自然有所差别。所以，仅仅通过财务指标的数值来比较不同行业、业界的公司并无意义。

〈成长平台〉

即使是同行业、业界的公司，如果成长平台不同，因销售总额增长率和资金募集不同，在资本比率等的安全性指标上也自然会有所不同，所以进行比较时要多加注意。

◎其他的财务指标

〈EPS（Earnings Per Share）〉
以"当期净利润 ÷ 期中平均已发行股票数量"来表

示的指标，代表平均1只股票的当期净利润。对于股东和投资人来说，意味着每年的价值增值。都可以和其他竞争公司比较、分析利润的增长性和分红特质等。EPS 增长的原因考虑有当期净利润的增加或者已发行股票的减少。而且，计算每只股票的平均利润时，已经从已发行股票数量中扣除了自有股票。获得自有股票和 EPS 的增长息息相关。

〈PER（Price Earnings Ratio）〉

以"每股股价 ÷ 每股收益"来表示的指标，也称为股价收益率，表示股价是每股利润的几倍。这一指标也表示股价是公司利润几年的量，所以相比一年量两年量更好，意味着年数（倍数）越大，公司未来的利润越值得期待。因此，PER 越高，公司股价的估值越高。

不同的公司，PER 有所不同；不同的行业，PER 也有所不同。一般来说，销售额和利润增长率高的公司和行业的 PER 也较高，相反，容易受市场变动影响、业绩起伏较大、难以预测将来业绩的公司和行业 PER 往往估值较低。日本上市公司的 PER 在14—20倍之间，但 PER 也受全日本整体市场环境的影响，所以上市公司整体 PER 水平在市场环境好的时候高，市场不景气时走低。因此，PER 并非绝对的指标，而是需要掌握的相对指标。

比如，通过对比公司现在的 PER 和同行业其他公司的 PER 或者自己公司过去的 PER，来相对地评价公司现在的股价是比价贵（PER 高）还是比价低（PER 低）。如果一直在20倍左右活动的 PER 高达30倍，则很可能股价已经处于过热状态。

关于 PER，最近的东证股票价格指数出现了获得自有股票的公司的股价有上升倾向。这是什么原因引起的？

每股利润是通过公司的（归属于母公司股东）当期净利润除以已发行股票数量计算得来的，但这时公司持有的自有股票并不包含在已发行股票中。所以，获取的自有股票越多，计算时已发行的股票数量越少，即使当期净利润的金额不变每股利润也会越高。而且，每股利润增加时，相对于现在的股价 PER 就会降低。

例如，每股股价是1000日元，每股利润是100日元。这种情况下，

PER=1000日元 ÷ 100日元 =10

获取自有股票则每股利润上升到100—125日元。于是，

PER=1000日元 ÷ 125日元 =8

每股利润增加为100—125日元，PER 也从10降到8。PER 降低，相对来说总会有股票便宜的感觉。这时，股票市场的评价中，"PER 一向都是10倍"比"PER 是8倍"更好。关系如下：

每股股价 = 每股利润（125日元）× PER（10倍）
　　　　=1250日元

这样一来，每股股价就会上升（1000日元→1250日元）。即使获得了自有股票股价也是中立的，然而股票市场中股价评价也反映了投资者的心理，所以有可能发生这样的事情（例如，反映出了投资者的推测心理"决定获取自有股票正是因为公司看到自己公司的股票便宜"，这种解释是成立的）。

〈PBR（Price Book Value Ratio）〉

以"每股股价 ÷ 每股净资产"来表示的指标（严格来说，需要从净资产中扣除新股预约权"联结 B/S 中也需要扣除非控股股东持有部分"）。

PBR 表示每股股价是每股净资产的几倍。PBR 越大，每股股价越高。在会计规则中，净资产中不包含公司自有的技术、生产、销售等各种技术以及人才等的价值。另一方面，每股股价的金额也反映了投资者对各种无形资产价值的评估。因此，通常情况下，"每股股价＞每股净资产"，也就是说"PBR ＞1"。所以，如果"PBR ＜1"（PBR 低于1）则意味着公司的无形资产完全没有被评估，或者构成 B/S 净资产的股东出资和公司之前的累积利润（利润剩余金）并没有充分反映在每股股价中。

因为每股股价的水平受到经济形势等的影响，所以股价水平临时出现整体低迷的时候，PBR 也会低（小于1）。因为某股股价没有反映出公司的实力而没有估价为适当的价格时，可以推测出在不久的将来股价还被修正到适当的价格。总而言之，这是"现在就买"的好时机。这是因为 PBR 低于1时就会"比较便宜"。

然而，需要注意的是在正确估价的情况下也可能出现 PBR <1的情况。包含了无形资产价值在内适当地进行了估价却依然出现了"PBR <1"的情况。这就是"便宜的陷阱"。资产价值在股价上反映出来的是有效利用资产、将来能给公司带来多少现金。也就是说，即使有潜在的高超技术、人才、技术信息等无形资产，如果经营者没有有效利用这些资产，就不会对将来的销售额、利润产生积极的效果，自然也就没有价值了。

作为经营者，需要具有一定的问题意识，当自己公司股价低迷时，原因不仅仅是整体股价水平方面的问题，还可能是没有有效利用公司已有的无形资产。

### ◎ 如何提升 ROE 才好?

重新思考一下，为了改善 ROE 公司，应该怎么做。如前所述，为了提高 ROE，需要从提高收益性、提高效率性、提高财务举债经营3个方向入手。

对于提高效率性这一点，在日本，公司和个人一样存在有高储蓄率的倾向。每年的业务经营利润都没有使用而是储存下来。说到具体的案例，比如有的公司 B/S 中"现金和存款"以及"（投资）有价证券"等剩余资金的比例高。剩余资金是指没有投入事业中、陷入沉睡状态的资金，所以剩余资金越多效率性（资金的有效使用率）越低。需要指出的是，最近，在股东大会上有股东提出要求"应该更积极地把资金投到事业中去"。将资金投入事业中提升更多的销售额，也能提升总资产周转率，ROE 也会相应提高。

另一方面，如果不将资金投入事业中，有的股东也提出要求增加分红将资金返还股东。如果增加分红金公司内部储蓄的利润剩余金（内部保留）就会减少。而且，很多公司会积极地购买自有股票。在会计规则中，自有股票已经从股东资本中扣除，所以如果购买自有股票，自有资本就会减少。这些措施都是通过减少 B/S 中的股东资本来提高财务举债经营（总资产 ÷ 自有资本），从而提高 ROE。

通过提升财务举债来提高 ROE 的措施中最引人注目的是"可转换公司债券型有新股兑换权的公司债券（recap CB）"。东丽、卡西欧计算机、LIXIL、日本 HAMU、山田电机等几十家公司已经实施了这一措施。Recap 是资本构成进行重组（recapitalization）、即改善负债和资本平衡的手段。通过发行 Recap CB 和据此获得的资金购买自有股票，负债的比例就会相应增加，通过提高财务举债经营而实现 ROE 的提升。见效快、短期内提升 ROE 效果明显，这大概是其受欢迎的原因。

另外，有人指出日本公司比欧美公司的收益性（销售总额当期净利润率）低。反过来说就是在收益性方面我们还有很大的改善空间。相比于效率性和财务举债经营，可能需要花费时间，但今后我们需要通过改善公司收益性（盈利能力）来渐渐提高 ROE。

# 第8章

在实例中分析财务报表

## 分析财务报表之前

从现在开始，我们将一边使用之前讲解的财务指标一边用实际的公司案例来分析财务报表。

在分析财务报表的时候，需要注意几个点。

比如，即使营业利润率是10%，也不能判断绝对水平是10%到底好不好。正如所说的薄利多销，流通行业的营业利润率一般比制造业低。行业和商业模式不同，营业利润率自然也会不同。而且，行业和商业模式不同，利润创造类型也发生了变化。有像制药行业那样营业利润率高的行业，也有和国外交易旺盛的公司因为外汇的影响其营业外费用/收益会受到重大影响。所以，比较利润率应该在基本相同的行业内进行，和其他行业比较可能毫无意义。

另外，即使是同行业，会计标准（日本标准、美国会计标准、国际财务报告标准等）、折旧方法等会计处理方法上的不同也会造成财务指标数值的差异，所以我们需要确认比较对象的数字、数值的计算前提是否相同。

还要看分析的目的，比如比较两家公司来决定和哪一家公司交易的时候，A公司的收益性、效率性高，B公司的安全性高，无论是哪一家公司都不可能所有方面都优异。这种情况下，我们要明确分析的目的是什么、作为分析主体的本公司最应该重视的财务指标是什么，再进行比较。

大家还要注意通过事业多元化同时开展几种业务的情况。一般情况下，一旦事业规模扩大，经营几种不同业务的公司也会增多。其中，可能有急速增长的业务也可能有发展成熟的业务，可能有利润率高的业务也可能有利润率低的业务。使用公司整体的销售总额和利润、总资产这样的财务数值计算出来的财务指标会根据几种业务所占的比例而出现不同的影响。

这里，我们并非特意不设一定的目的来判断公司是否优秀，而是将重点放在公司的业务内容和业务特征如何表现在财务报表的数字和财务指标的数值上。以同行业其他公司为比较对象时，大家通过相对的比较财务指标的数值更容易理解对象公司的业务内容和商业模式。

## "财务报表分析①"增长性分析

首先，我们来分析一下销售总额的增长性。

BURONNKOBIRI 是2007年上市、以东海地区为据点、主营汉堡包、牛肉饼的快餐连锁。通过其过去6年销售总额的变化，可见其年平均增长约14%，而且虽然近几年增长稍慢却依然有很大增长空间。一起来确认一下其销售额增长的原因吧。因为销售总额是单价和数量的乘积，所以销售总额增长的情况下，原因可能是单价上涨，也可能是数量增加或两者都有。所以再集合其过去6年间店铺数量的信息来综合分析一下吧。

| 年度 | 2011年<br>12月期 | 2012年<br>12月期 | 2013年<br>12月期 | 2014年<br>12月期 | 2015年<br>12月期 | 2016年<br>12月期 |
|---|---|---|---|---|---|---|
| 销售总额<br>（百万日元） | 9503 | 9983 | 11290 | 13049 | 15926 | 18010 |
| 增长率<br>（%） | — | 5.1 | 13.1 | 15.6 | 22.0 | 13.1 |

| 年度 | 2011年<br>12月期 | 2012年<br>12月期 | 2013年<br>12月期 | 2014年<br>12月期 | 2015年<br>12月期 | 2016年<br>12月期 |
|---|---|---|---|---|---|---|
| 销售总额<br>（百万日元） | 9503 | 9983 | 11290 | 13049 | 15926 | 18010 |
| 店铺数量 | 69 | 70 | 74 | 85 | 97 | 108 |
| 店铺平均<br>销售总额<br>（百万日元） | 137.7 | 142.6 | 152.6 | 153.5 | 164.2 | 166.8 |

图表8-1 BURONNKOBIRI（店铺型商业）的案例

销售总额结合店铺数量，计算出店铺平均销售总额。同一家公司，经过6年的时间，销售总额增长约90%。看一下店铺平均销售总额的变化就会明白，店铺平均销售总额在一个财务时段增长了约20%。另外，店铺数量从69家增加到108家，大约增长了57%。

（6年累计）销售总额增长率（189.5%）＝店铺数量增长率（156.5%）×店铺平均销售总额增长率（121.1%）。

由此可见，店铺平均销售总额的增加、店铺数量的增加都会带来销售总额的增加。

不能把销售总额仅作为金额的增减来看，通过分析销售总额的增长原因是店铺平均销售总额的增加还是店铺数量的增加，可以明白哪一个因素所占比重更大。这样做不是为了提升哪一方面，重要的是检验公司的事业特性以及商业模式和实际进展中的公司事业战略之间的整合性以及战略实现状况。

下面，我们来看一下三得利株式会社的案例。

这是三得利集团控股的三得利控股公司的联结决算。不仅包括熟悉的酒类业务，还包括清凉饮料和视频等旗下的所有业务。浏览过去6年间的销售总额，最为突出的是2014

年相对于前一年的超高增长率20%。

| 年度 | 2011年<br>12月期 | 2012年<br>12月期 | 2013年<br>12月期 | 2014年<br>12月期 | 2015年<br>12月期 | 2016年<br>12月期 |
|---|---|---|---|---|---|---|
| 销售总额<br>（百万日元） | 1802791 | 1851567 | 2040204 | 2455249 | 2686765 | 2651479 |
| 增长率<br>（%） | — | 2.7 | 10.2 | 20.3 | 9.4 | △1.3 |

图表8-2 三得利的案例

公司创业初期暂且不论，很难想到销售总额超过1万亿日元的公司销售总额会迎来比前一年增长20%的增长。有一定规模的公司展示出这种幅度的销售额增长率时，可能是出现了企业并购。实际上，2014年美国大型企业的并购和英国业务转让才带来了销售总额增加1000亿日元的规模。2015年，通过对日本国内饮料公司的并购，销售总额增长了大约600亿日元。相比公司内部新产品开发和新市场开拓，企业并购带来的企业销售总额和利润会在并购完成后立刻反映在企业的 P/L 中，具有时效性。

然而，企业并购尤其是海外企业并购中，如何发挥之后的统治作用来实现协同效果和继续提高销售额才是关键所在。

销售总额的增长的原因有几个。从分析目的来看，了解带来公司销售总额增长的原因非常重要。这是因为根据销售额增长的原因我们可以判断今后是否还会继续增长。

## ◎【财务报表分析②】收益性分析

来比较一下两家大型医药企业的收益性。两家公司的营业利润率都在4%—5%，但销售总利润率却相差8%以上。

Sugi药业（Sugiholdings株式会社）在医药行业的重点放在了药品、制剂上。店铺内制剂的比例大约占80%，毛利润高的制剂销售总额比率大约占总销售额20%，相对较高（行业内最大的公司Mastumotokiyo、Sandrug分别是7%、8%）。

另一方面，Cosmos药业总销售额的55.2%（2016年5月期）是食品。通过张贴特价标签（EDLP），采取瞄准附近超市里购买生鲜三品（果蔬、肉类、水产品）的加工食品前后再"顺带购买"的策略。使用EDLP的加工食品的销售比例大造成了销售总利润低。

其次，来看一下销售费以及一般管理费。相比Sugi药业，Cosmos 药业的销售总额销售管理费率较低。因为销售价格控制得低，就废除了积分卡，不适用电子货币和信用卡。只采用现金支付，采用了通过控制价格而还利于消费者的战略。通过削减这部分的管理成本，低成本交易带来了低销售总额销售管理费率。

（单位：百万日元）

| 公司 | Sugi药业 | | Cosmos药品 | |
|---|---|---|---|---|
| 年度 | 2015年 2月期 | 2016年 2月期 | 2015年 5月期 | 2016年 5月期 |
| 销售总额 | 383644 | 414885 | 408466 | 447273 |
| 销售总利润 | 105626 （27.5%） | 115710 （27.9%） | 78074 （19.1%） | 86853 （19.4%） |
| 销售费以及 一般管理费 | 84764 （22.1%） | 92597 （22.3%） | 60993 （14.9%） | 68205 （15.2%） |
| 营业利润 | 20861 （5.4%） | 23112 （5.6%） | 17080 （4.2%） | 18648 （4.2%） |

图表8-3

Sugi 药业在药品、制剂业务中花费的药剂师等人工成本比 Cosmos 更高。销售总额中人工费所占比例：Sugi 药业是9.4%（2015年2月期）、9.7%（2016年2月期），Cosmos 药品是6.3%（2015年5月期）、6.3%（2016年5月期）。Sugi 药业高出约3%。即使同一行业中，因销售战略不同而带来的销售商品构成以及所需的费用不同，都会反映在销售额总利润和营业利润上。

而且，相比医药品和日用杂货，（加工）食品的现货资产周转率更高。所以，Cosmos 药品的现货资金周转率比以 Sugi 药业为代表的一般医药行业更高，也就是说它手头的现金存款更多。Cosmos 药品的销售总额在近5年间增长了1.6倍。销售总额的增长主要依靠店铺数量的增加（近5年间从457间店铺增长到738间）。有效的现金创造力带来了不断增加的店铺数量。

◎【财务报表分析③】效率性分析

接下来，来分析一下效率性。首先，来比较一下2家大型消费品制造商（图表8-4）。

（单位：百万日元）

| 公司/会计标准 | 花王（IFRS） | | 宝洁（P&G） | |
|---|---|---|---|---|
| 年度 | 2015年<br>12月期 | 2016年<br>12月期 | 2015年<br>6月期 | 2016年<br>6月期 |
| 销售额债券<br>周转期间 | 52.2 | 52.2 | 23.6 | 24.4 |
| 现货资产<br>周转期间 | 83.8 | 94.6 | 49.0 | 52.3 |
| 采购债务<br>周转期间 | 114.5 | 124.2 | 80.2 | 103.4 |
| CCC（★） | 21.5 | 22.6 | △7.6 | △26.7 |

CCC：现金·周转·循环

图表8-4

图中出现的 CCC（现金·周转·循环）是指从生产中所需材料的采购到投入资金销售产品并回收销售货款所需要的天数。CCC 一般用"销售额债券周转期间 + 现货资产周转期间 − 采购债务周转期间（天数）"来表示。天数越短资金效率越高，CCC 越长（短），需要的周转资本越多（少）。

为了提高海外事业的设备投资等资金效率，花王树立了改善 CCC 的目标，通过压缩现货资产等来缩短 CCC。另一方面，宝洁是美国大型家庭用品企业。和花王相比，CCC 具有压倒性的优势，天数短到成负数。

确认其内容就会发现，采购债务周转期间处于同一水平，但销售债权周转期间和现货资产周转期间具有很大差别。因为日本和美国的商业习惯不同，所以单纯通过这一数值难以看出优劣，但是大概能看出欧美公司的 CCC 短、资金效率高。

其次，对比一下两家航空公司的总资产周转率（图表8-5）。LCC 的 PITHI 多采用航空器租赁（经营性租赁）。会计规则中，租赁交易通过划分为经营性租赁的长期租赁而获得的资产（这种情况下的航空器）不会计入 B/S。所以，自有航空器比例高的 ANA 的总资产中有形固定资产的比例较高。结果，相对于销售总额，总资产比例更小的 PITHI 的总资产周转率更高。

（单位：百万日元）

| 公司 | PITHI | | ANA | |
|---|---|---|---|---|
| 年度 | 2016年 3月期 | 2017年 3月期 | 2016年 3月期 | 2017年 3月期 |
| 总资产 | 36844 | 41359 | 2228808 | 2314410 |
| （内、有形固定资产） | （3339） | （6796） | （1327954） | （1360263） |
| 销售总额 | 47939 | 51709 | 1791187 | 1765259 |
| 总资产周转率（次） | 1.30 | 1.25 | 0.80 | 0.76 |

图表8-5

这是会计规则中的租赁契约的不同操作带来的影响，但无工厂企业（没有自建工厂的生产商）等也有同样的倾向。自己公司没有工厂、与外购厂家合作的无工厂企业没有工厂和生产设备等，因此总资产金额相对较低。其结果就是，和拥有自有工厂和生产设备的企业相比，总资产周转率相对较高。而且，总资产周转率的改善也会带来 ROA 和 ROE 的改善。

一般来说，现金持有率高的企业总资产周转率相对较低。因为现金和存款是尚未投到事业中的资金，所以其本身和销售额、利润并无关联（虽然有存款利息，但眼下低利率的形势下并不能期待获得多大收益）。换言之，处于沉睡状态的资金过多会有损事业的效率性。将资金投入事业中意味着有效地提升销售额、利润即高效经营，这也是总资产周转率高的表现。

◎【财务报表分析④】安全性分析

安全性上，显示销售额增长率和利润率的 P/L 和显示资产构成的 B/S 左侧相比，能清晰地看到事业中的共同特征并不多。也就是说，各个公司的财务战略不同资金募集方法也有很多。有的公司通过借款积极推进财务举债经营，有的公司重视安全性而不增加借款、尽量通过股东募集和内部保留利润来募集资金。

另外，净资产是由特征各异的多种项目构成的。所以，即使和同行业的其他公司相比较也很难单纯从安全性的优劣来判断，在这里，我们来看两家精密仪器制造商的净资产比率的比较（图表8-6）。净资产比率是净资产除以总资产得出的结果。如第7章所述，严格来说，自有资本比率和数值有所不同，但这里为方便起见也采用了这一内容。

也可以理解为其代表的意义是相同的。尼康在最近2个财务周期内的净资产比率是50%，而奥林巴斯是40%左右。为了进一步分析这一差异，来看一下净资产的内容。

| 公司 | 尼康 | | 奥林巴斯 | |
|---|---|---|---|---|
| 年度 | 2016年3月期 | 2017年3月期 | 2016年3月期 | 2017年3月期 |
| 净资产比率（%） | 54.7 | 52.4 | 38.4 | 43.5 |

（净资产的内容）

（单位：百万日元）

| 公司 | 尼康 | | 奥林巴斯 | |
|---|---|---|---|---|
| 年度 | 2016年3月期 | 2017年3月期 | 2016年3月期 | 2017年3月期 |
| 资本金以及资本剩余金 | 146099（15.1%） | 146099（14.7%） | 215460（21.5%） | 215745（21.8%） |
| 利润剩余金 | 376002（38.9%） | 360146（36.1%） | 172989（17.3%） | 245362（24.8%） |
| 自有股份 | △13255（△1.4%） | △13215（△1.3%） | △1122（△0.1%） | △1122（△0.1%） |
| 股东资本 | 508847（52.6%） | 493031（49.4%） | 387327（38.7%） | 459985（46.4%） |
| 其他 | 19432（2.0%） | 29667（3.0%） | △3044（△0.3%） | △29105（△2.9%） |
| 净资产合计 | 528280（54.7%） | 522699（52.4%） | 384283（38.4%） | 430880（43.5%） |

※比率（%），表示在总资产中的占比。

图表8-6

奥林巴斯的股东出资的资本金以及资本剩余金占比更大，而尼康的利润剩余金占了上风。通过图表可以看出净资产比率上两者的主要差别是在利润剩余金上。前面也曾出现过几次利润剩余金，简而言之就是从过去到现在公司积累的利润。利润剩余金占比高，可以推断出尼康从过去开始就能稳定地获取利润。另一方面，奥林巴斯可能是分红较多或者是过去出现过赤字才造成利润剩余金的比例较小，而且股东出资的资本金以及资本剩余金的占比高。实际上，在过去7年间，奥林巴斯经历了2次赤字（当期净损失），进行了2次增资。

其次，向大家介绍重视安全性的案例。

2012年之后，飞利浦陷入负债（股东资本为负数）局面（图表8-7）。不得不说负债的状况是非常危险的。如果是一般的公司，即使说它濒临倒闭也不为过。但是，飞利浦陷入负债的主要原因是获取自有股份。2016年度末期，自有股份价值达到354亿9000万美元，考虑到这一点，即使负债其财务安全性也没有问题。

（单位：百万美元）

| 年度 | 2011年度 | 2012年度 | 2013年度 | 2014年度 | 2015年度 | 2016年度 |
|---|---|---|---|---|---|---|
| 股东资本 | 551 | △3154 | △6274 | △11203 | △11476 | △10900 |
| （内部、自有股份） | （△19900） | （△26282） | （△32142） | （△35762） | （△35613） | （△35490） |
| 总资产 | 35488 | 37670 | 38168 | 35187 | 33956 | 36851 |

图表8-7 飞利浦的例子

在会计方面股东资本呈现负数，并且因为获取自有股份，财务上出现负债。然而，自有股份也能重新拿到股票市场上出售，所以一般出售自有股份便能一次性解除负债。因此，对飞利浦来说，与其考虑生活相关等主营事业而把资金投入事业中，倒不如通过积极地把资金还给股东这一财务战略来大量获取自有股份。

虽说是负债，但还要分析其主要原因是持续赤字还是公司的财务战略而有意为之，为了在真正意义上掌握公司的财务状况，这一点非常重要。

◎【财务报表分析⑤】根据部门信息进行分析

部分是指用某种标准和切口来将整体划分为部分和区域。在公司里，通过事业种类和地域这一切口来设定部分。

而且，部分的销售总额、利润、资产等信息称为部门信息。

以代表了日本的大型家电制造商松下和尼康2家公司为例，来看一下部门信息是如何反映出公司业务战略、每项业务的收益性和效率性的。

（单位：百万日元）

| 公司 | PITHI | | ANA | |
|---|---|---|---|---|
| 年度 | 2016年3月期 | 2017年3月期 | 2016年3月期 | 2017年3月期 |
| 销售总额 | 76263 | 73437 | 81057 | 76033 |
| 营业利（率） | 2,303（3.0%） | 2,768（3.8%） | 2,942（3.6%） | 2,887（3.8%） |

图表8-8

作为综合家电制造商的两家企业，属于相同的业务中心、营业利润率也大体互相抗衡（图表8-8）。然而，在确认两家公司的业务领域时，发现了其他方面的信息。

两家公司的部门信息中，报告部分被区分为：

〈松下〉

（家用）电器、解决方案服务、AVC互联网、汽车和产业系统、其他5大事业部门

〈索尼〉

移动通信（MC）、游戏和网络服务（G&NS）、影像产品及解决方案（IP&S）、家庭娱乐及声音（HE&S）、半导体、元器件、电影、音乐、金融、其他10大事业部门

报告部分是指公司经营的业务领域（有时也会集合几种业务领域）中应该公示部门信息的领域。公司拥有的各种业务领域中，将哪一个划分为报告部分要根据会计规则来确定。

将两家公司进行行业分类的话，同样都属于"综合家电制造商"，但同时也独自开展各自的业务。

那么，来看一下两家公司报告部分的收益性差异吧。

松下的汽车和产业系统销售总额占比34.9%是最大的部分，以下按照销售额由大到小顺序再加上移动通信、解决方案服务，排名前3位的部分销售额占比达到87.7%。排名前3的部分在收益性上也表现良好，营业利润率占集团整体的3.8%以上（图表8-9）。

松下 2017年3月期

(单位：亿日元)

| | （家用）电器 | 解决方案服务 | AVC互联网 | 汽车和产业系统 | 其他 | 调整其他 | 合计 |
|---|---|---|---|---|---|---|---|
| 销售总额 | 23245 | 15457 | 10407 | 25612 | 6566 | △7850 | 73437 |
| 营业利润*（营业利润率） | 1043（4.5%） | 625（4.0%） | 296（2.8%） | 1093（4.3%） | 80（1.2%） | △369 | 2768（3.8%） |

*正确写法应该是部分利润。一般都是将营业利润作为部分利润，所以这里是指营业利润。

图表8-9

索尼的销售总额构成是游戏和网络服务、金融、家庭娱乐及声音占据前3位，但构成占比分别是21.7%、14.3%、13.7%，并没有压倒性的高比例。而且，根据报告部分来看，利润方面有较大差异。计入金融（15.3%）、音乐（11.7%）两位数的利润率，另一个方面，有的部分也计入了元器件（△30.9%）、电影（△8.9%）这种比较大的赤字。营业利润方面，金融、娱乐、音乐贡献较大，尤其是金融业务获得了公司整体营业利润的六成左右（图表8-10）。看到这一点，给我们的印象是索尼不像是家电行业的公司。

索尼 2017年3月期

(单位：亿日元)

| | MC | G&NS | IP&S | HE&S | 半导体 | 元器件 | 电影 | 音乐 | 金融 | 其他 | 调整 | 合计 |
|---|---|---|---|---|---|---|---|---|---|---|---|---|
| 销售总额 | 7591 | 16498 | 5796 | 10390 | 7731 | 1954 | 9031 | 6477 | 10875 | 2670 | △2981 | 76033 |
| 营业利润*（营业利润率） | 102（1.3%） | 1356（8.2%） | 473（8.2%） | 585（5.6%） | △78（△1.0%） | △604（△30.9%） | △805（△8.9%） | 758（11.7%） | 1664（15.3%） | 309（11.6%） | △871 | 2887（3.8%） |

图表8-10

而且，部门信息中，将各部分的销售总额和利润、面向外部顾客的内容和面向集团内部的其他报告部分的内容（集团内部交易）合起来表示。所以，有时会出现"各报告部分的销售总额或者利润合计＞联结财务报表的销售总额或者利润"。所以，此处将不一致的地方调整到"调整额"一栏，以符合联结财务报表的销售总额或者利润。

像这样即使是大致属于同一业务领域的公司，多元化的业务有各自的特性和业绩，而且各有特色。业绩中不仅仅有业务计划的推进是否顺利，还有业务多元化的方针和业务战略的不同。通过灵活使用"部门信息"，不仅仅能了解公司整体业绩，也能了解业务和地域等每部分的业绩和公司业务多元化等以及公司业务战略的差异。

### ◎【财务报表分析⑥】综合能力（ROE）分析

最后，我们采用汽车行业的例子，来综合演习一下分析从综合能力（ROE）的比较到收益性、效率性、部门信息的财务报表的一系列流程。而且，我们举例的公司采用的会计标准不一定是日本标准。在详细分析数字和数值的同时，要多加注意。

汽车行业的富士重工（SUBARU）是公认的 ROE 较高的公司。2017年3月期的 ROE 是20.15%。东证1部的平均 ROE 超8%，这种情况下，可以说 SUBARU 超过20%的 ROE 处于相当高的水平。同欧美国家的公司相比，这一数值也不会处于下风。

那么，我们来看一下 SUBARU 的 ROE 居高的主要原因是什么。而且，同一家公司按照日本标准制作了财务报表。

首先，从收益性、效率性、安全性3要素来分析一下过去2年间的 ROE。

总资产以及净资产使用了前期和当期金额的净平均值。经过四舍五入的数值会产生一些误差（图表8-11）。

和汽车行业的其他公司进行比较（图表8-12）。

| | 净利润率（%） | 总资产周转率 | 财务举债经营 | ROE（%） |
|---|---|---|---|---|
| 2016年3月期 | 13.5 | 1.35 | 2.02 | 36.9 |
| 2017年3月期 | 8.5 | 1.24 | 1.91 | 20.2 |

图表8-11 SUBARU 的 ROE（日本标准）

丰田（美国标准）

| | 净利润率（%） | 总资产周转率 | 财务举债经营 | ROE（%） |
|---|---|---|---|---|
| 2016年3月期 | 8.1 | 0.60 | 2.80 | 13.6 |
| 2017年3月期 | 6.6 | 0.57 | 2.73 | 10.4 |

日产（日本标准）

| | 净利润率（%） | 总资产周转率 | 财务举债经营 | ROE（%） |
|---|---|---|---|---|
| 2016年3月期 | 4.3 | 0.71 | 3.60 | 11.0 |
| 2017年3月期 | 5.7 | 0.65 | 3.74 | 13.9 |

本田（美国标准）

| | 净利润率（%） | 总资产周转率 | 财务举债经营 | ROE（%） |
|---|---|---|---|---|
| 2016年3月期 | 2.4 | 0.80 | 2.64 | 5.0 |
| 2017年3月期 | 4.4 | 0.75 | 2.70 | 8.8 |

图表8-12 SUBARU 以外的 ROE

作为各公司数值基础的会计标准、业务领域不同，所以最终变为标准的比较，然而，SUBARU 的 ROE 高的原因有销售总额当期净利润率和总资产周转率、财务举债经营也小于其他公司。

从笔者的经验来看，ROE 有差别的最大原因多数是利润率。当然总资产周转率和财务举债经营也是 ROE 的因素，所以有效地利用这些因素也是策略之一，但改善当期净利润难道就不重要吗？

收益性的差异显而易见，和同行业其他公司相比，SUBARU 的效率性（总资产周转率）也更高。总资产周转率是表示如何高效地使用投资到固定资产等上面的资金来获得收益（销售额）的指标，一般都期望能获得较高数值。SUBARU 的总资产周转率和丰田相比具有几倍的差。而且，日产、本田的总资产周转率相比 SUBARU 则更接近丰田的标准，可能也受到了业务规模（日产、本田的销售总额是 SUBARU 的4倍左右、是丰田的8—9倍）和多元化程度的影响。关于这一点，我们需要根据部门信息进行详细分析。

## ◎进一步深挖"收益性分析"

通过刚才分析的 ROE 要素，我们可以看到 SUBARU 景气的要点是高收益性和高效率性。其次，关于其内在收益性，我来介绍一下进一步进行深入分析时的流程。来看一下《有价证券报告书》的记录吧。

在比较对象中，我们选出了日产和铃木（图表8-13）。

SUBARU                                              （单位%）

| | 总利润率 | 营业利润率 | 经常利润率 | 净利润率 |
|---|---|---|---|---|
| 2016年3月期 | 32.3 | 17.5 | 17.9 | 13.5 |
| 2017年3月期 | 28.3 | 12.4 | 11.9 | 8.5 |

日产                                                （单位%）

| | 总利润率 | 营业利润率 | 经常利润率 | 净利润率 |
|---|---|---|---|---|
| 2016年3月期 | 19.6 | 6.5 | 7.1 | 4.3 |
| 2017年3月期 | 19.6 | 6.3 | 7.4 | 5.7 |

铃木                                                （单位%）

| | 总利润率 | 营业利润率 | 经常利润率 | 净利润率 |
|---|---|---|---|---|
| 2016年3月期 | 27.3 | 6.1 | 6.6 | 3.7 |
| 2017年3月期 | 28.6 | 8.4 | 9.0 | 5.0 |

图表8-13

而且，日产和铃木都采用了日本标准。

销售额总利润率上，SUBARU和日产相比，2017年3月期大约差了9个百分点。

另一方面，在销售额总利润水平上SUBARU和铃木处于同一水准，但营业利润率却有很大差别。据此可见，在销售费用以及一般管理费用上SUBARU和铃木有差别。慎重起见，再来比较一下两家公司2017年3月期的销售总额销售管理费率。

SUBARU：15.9%

铃木：20.2%

这里果然也有差别。如果进一步分析就会变成随着销售费用以及一般管理费中的项目、调查对于销售总额比的差在哪里。

◎进一步深挖"效率性分析"

同样，再来介绍一下进一步分析效率性时的顺序。

总资产是通过期首、期末的平均值计算得来的。关于效率性，和日产之间的差异非常明显，来看一下和日产差异的内容吧（图表8-14）。2017年3月期，在总资产中的占比如下。

〈流动资产〉

　　SUBARU：66.8%

　　日产：62.2%

〈有形固定资产〉

　　SUBARU：23.8%

　　日产：28.6%

## 〈投资其他资产〉

SUBARU:8.5%

日产：8.4%

看到这里，两家公司的差异并不大。再进一步分析流动资产，差异慢慢显现出来。

## 〈销售额债权〉

SUBARU：5.7%

日产：44.2%

## 〈现货资产〉

SUBARU：10.9%

日产：6.9%

**SUBARU的总资产周转率**

| 2016年3月期 | 1.35次 |
|---|---|
| 2017年3月期 | 1.24次 |

**日产的总资产周转率**

| 2016年3月期 | 0.71次 |
|---|---|
| 2017年3月期 | 0.65次 |

**铃木的总资产周转率**

| 2016年3月期 | 1.07次 |
|---|---|
| 2017年3月期 | 1.09次 |

图表8-14

销售额债权在总资产中的占比上，很明显日产最高。日产的集团公司中，有从事为租赁（车辆）和购买车辆提供融资的金融业务公司。确认一下日产的部门信息，报告部分划分为"企业业务"和"销售金融业务"，销售总额中汽车业务占了大部分，但投入业务中的资金里，汽车业务和销售金融业务占比均衡。一般来说，从投入的资金中获得的销售总额里汽车业务占比大于销售金融业务。相对于SUBARU，日产的总资产周转率更低，主要原因是销售金融业务中销售金融债权的比例更大。

上面使用了汽车产业的公司作为案例，介绍了从综合性的财务指标ROE到收益性、效率性、安全性的各要素财务报表分析流程。通过精读有价证券报告书，从综合性分析到一定程度的深入分析，我们了解到了各种信息。


◎分析的心理准备


本章中，通过实际案例介绍了使用了财务指标的简易财务报表分析案例。

对于初学者，可能会觉得太难了，所以并不需要一下子掌握很多信息。或者即使能从财务报表的数字和财务指标的数值中了解公司的事业战略和事业特征，却无法立刻浮现在眼前。

能顺利完成这些步骤，很可能是因为习惯。

首先，只看两家公司的财务报表中的数字和数值就可以。这样一来，脑中就会浮现出"为什么这个数字不一样？""为什么这一财务指标的数值不一样？"这样的疑问。这就是分析的开始。没必要一下子分析出所有的财务指标。从你注意到的地方开始，试着思考两家公司的业务活动和商业模式之间的差异。这样一来，业务活动和展示其结果的数字和数值的关联性就浮出水面了。

另外，笔者看到许多线下的学生，意外地提前掌握了

财务报表分析的步骤。接下来，大家就从自己公司、竞争
对手公司或者其他感兴趣的公司中的感兴趣的部分开始尝
试吧。

第**9**章

————————

灵活使用财务报表以外的财务数据

## ◎有价证券报告书是信息宝库

有价证券报告书是上市公司一年一度向外部公布的、总结决算等公司状况的报告书。即使不是在证券市场上市的公司，也要看股东数量和公募债（面向不特定的多数投资人而发行的公司债券）、在满足一定标准的情况下发布有价证券报告书。

很多公司的报告书超过300页，包含了各种各样的信息。上面自然会记录公司的业绩和财产以及现金流的状况等决算信息，此外还会记录公司的业务内容、集团公司、历史、经营者的介绍、经营目标、企业管理制度等有助于了解公司的信息。实际上，有价证券报告书中文字信息比数字信息更多。

这里要说明的是除财务报表以外、有价证券报告书中还包含哪些信息以及我们应该如何解读、灵活使用这些信息。

## ◎通过部门信息来详细地掌握业绩

〈部门信息〉

公司规模大，就不会从事单一的业务，至少会经营几块业务。比如，上一章在分析部门信息的时候举的例子索尼，索尼虽然是家电产品制造商，但也开展了手机、娱乐、电子元器件、音乐、电影、金融业务等。另外，有的公司即便经营单一的业务，也不会仅限于日本国内，而是在全世界开展业务。

像这样为降低单一业务的风险等级而实行业务多元化的情况，在和竞争对手比较公司整体销售总额和利润时，无法判断这一差距是哪项业务或者哪个区域带来的。而且，有的公司看到从上一年度开始增长的销售额和利润，但还想了解这是已业务的增长还是新业务带来的整体销售额上涨。部门信息能帮助我们按照业务部门和区域部门来掌握公司整体的业绩，非常方便。

〈部门信息的意义——了解什么？〉

在有价证券报告书中，很多公司都会按照部门来记录公司业绩。部门信息的中心是关于"部门信息等"的注记章节，但也会按照部门说明除此之外的起始业务内容、相关公司属于哪个部门、各部门的从业人数、当期各部门的业绩说明、生产、订单以及销售状况、应该处理的课题、研究开发活动、持有设备的状况、设备投资和取消的计划。

大家要注意不同公司分类经营也有所不同。分类经营由"管理方针"来决定。管理方针是指公司的经营者把管理业绩、确定投资的单位作为部门信息的切入口进行展示。比如，公司按照业务种类进行业绩管理，则形成各个业务的管理方针；公司按照地域来决定投资，则地域会成为部门的单位。采用哪一种切入口作为部门的单位，各个公司采用的方法并不相同。在"部门信息等"中，也以"报告部门概要"记录了公司的分类经营方针和所属报告部门的主要产品和服务的信息等。

〈各报告部门的业绩等信息〉

记录了2年间各部门的销售总额、利润 *、资产、有形固

---

\* 正确来说是部门利润，但公司一般都会把联结 P/L 的营业利润当成部门利润。

定资产以及无形固定资产的增加额、折旧费、品牌商誉清偿额度等信息。大家可以掌握哪一部门的销售额、利润增加了或者相反地下降了。

另外，不仅仅记录了业绩，也按照部门记录资产相关信息，比如以部门利润为分子、部门资产为分母，就能计算出部门的ROA。有形固定资产以及无形固定资产的增加表示当期的设备投资等投资进行到什么程度，所以可以看出公司专注于哪个部门。

### ◎通过未来信息来检验对未来的影响

有价证券报告书中也包含了未来信息。

原本财务报表公布的是报告标准日（决算日）现在或者到决算日为止的一定时间内的实际业绩，所以实际发布的是过去的信息。然而，对于公司外部的投资者来说，过去的信息自然要掌握，但知道公司未来的业绩会如何发展也同样重要。以行业趋势和公司过去的业绩为基础，预测将来的业绩自然也有用。公司最近发展计划的内容和可能影响未来业绩的信息就能够满足投资家们的需求。

有价证券报告书中，主要在"事业状况"的章节中包含了以下有助于预见将来对公司业绩可能产生影响的信息。

〈经营方针、经营环境以及应该处理的课题等〉

记录了公司的经营方针以及中长期计划。有的公司会记录目标销售总额、营业利润（率）、ROE 等作为中长期具体数值目标。而且，会按照部门来记录作为公司直面课题而认识的事项。也会一起记录哪些对于作为课题而被认识的事项组合。

〈业务的风险〉

记录了公司经营业务中的风险。比如汇率变动、原材料价格的价格变动、利息变动、相关法令的修订等。

〈经营上的重要契约等〉

记录了公司因为业务和第三方签订的重要契约的内容。比如，关于公司主要业务相关的特许使用许诺权的契约，记录了契约缔结方、契约内容、契约时间（期限）等信息。

〈研究开发活动〉

记录了各部门当期投入研究开发内容中的研究开发费用额度。据此可以了解到公司主要经营哪些业务。

〈新装设备、拆除设备等的计划（"设备状况"的区分）〉

关于重要设备的新装和拆除等计划，记录了不同地点、设备金额和内容、准备 / 完成以及拆除的时间等信息。

◎企业管理是什么？

企业管理也称企业统治。公司里有以经营者为代表的业务执行者以及和公司有各种各样利害关系的企业利害关系人。这些关系人从各自的立场出发，为了公司经营顺利，也为了通过有效经营而获得更多利润，为了管制、监督而建立的体制和组织就是企业管理。2015年6月施行的企业管理规则（CG 规则）一下子就引起了众人的关注。越来越多公司采用公司外部董事两人以上、启用女性干部、解除相互持有股票等相关举措也是受到了 CG 规则的影响。

有价证券报告书中，也记录了公司的 CG 规则。"公司状况"中的"企业管理状况等"条目中记录了公司的企业统治体制（体制概要，内部统治系统的配置状况、风险管理体制的配置状况、内部监察以及监察员的状况、公司外董事的状况、董事报酬、互相持有股票的状况等信息）。这里还记录了持股价值超过1亿日元的董事报酬的公开信息。

## ◎财务报表正篇中没有出现的"恐怖"信息

财务报表中添加了"注记"。财务报表的"注记"是指B/S 和P/L 等财务报表的①各项目的计算前提、②为了更容易理解各项目的内容而做出的说明以及③会计规则上不用记录在财务报表中但为了更好理解公司财务状况而有必要记录的信息。具体来说，①是指"会计方针"的B/S 和P/L 等的数字计算前提。记录了如何计算固定资产的折旧方法和准备金的计算方法等财务报表中的项目金额等的方针。另外，②是指如 P/L 的消耗损失的内容（作为对象的资产内容和损耗金额、损耗损失的计算方法等）信息。

而且，③里还有持续经营注记、账外债务、偶发债务的信息。虽然没有反映在财务报表的数字中，但在一定程度上得承认在不久的将来它们可能会成为公司的损失和负债。

来介绍一下③的具体例子。

〈持续经营注记〉

企业持续的前提中存在产生重大疑虑的事项或者状况，为了解除、改善这一状况，并且存在企业是否持续的不确定性时，财务报表中记录持续经营（以下简称 GC）注记。

企业持续的前提中存在产生重大疑虑的事项或者状况主要是指公司的持续事业陷入了危险境地，比如销售总额的激减、营业现金流持续赤字、债务超标、不履行债务的危险性企业丢失重要市场和人才以及客户等。也就是说，GC 注记能引起投资人的注意。

（例）TAKATA 株式会社　2016年3月期　摘自有价证券报告书

第1部【企业信息】　第2【事业状况】　4【事业等的风险】

11.关于重要事项等

该企业集团记录了一项特别损失即安全气囊回收费等，截至2018年3月期连续2期损失都归属了母公司股东，现金流出现负数之外，（中略）该企业集团持续经营的前提存在缠上重大疑虑的事项或者状况。

（后略）


从财务报表（P/L、B/S、现金流计算书）的数字中当然可以读出公司持续的危机，建议大家也要确认财务报表的注记中是否添加了 GC 注记。

GC 是指持续经营即企业持续的略称。一般情况下，财务报表制作时都以公司持续经营为前提。

比如，从建筑物和设备等的购买价格中按照预估年数扣除每年的折旧费再记录到 B/S。假如把100万日元购买的设备的折旧费平均到5年，折旧费用是20万日元 / 年，1年后的 B/S 中设备会被记录为80万日元（100万日元 −20万日元），这一点和时价不同。

这样记录的前提是公司至少会持续经营5年，如果是明年有可能破产的公司则不适用于这一前提。也就是说，每一期的决算中，股东和债权人关心的是如果公司现在破产能收回多少资金，所以会要求按照时价评估决算时的资产、负债并在 B/S 上记录真正的财产金额。

〈偶发债务注记〉

偶发债务定义为在决算日已经存在可能发生债务的不确定状况，按照将来可能发生或者不会发生这种事情而最终消除这种不确定性。简而言之，现在还没有成为现实（债务），但将来在一定条件下会成为像预备军一样的债务。

| | 可以预估损失额 | 无法预估损失额 |
|---|---|---|
| 产生损失的可能性大 | 记录债务保证损失准备金 | 标注债务保证金额<br>损失可能性高，但要标注无法预估损失额的宗旨、理由以及主要债务人信息 |
| 可以预见可能会产生的损失程度 | 注记债务保证金额<br>标注可以预见可能会产生的损失程度的宗旨以及主要债务人的信息 | 标注债务保证金额<br>标注可以预见可能会产生的损失程度的宗旨以及主要债务人的信息 |
| 产生损失的可能性小 | 标注债务保证金额 | 标注债务保证金额 |

图表9-1

偶发债务在决算日当日被认可的情况下，为了让财务报表读者注意到可能发生的债务，需要把其内容（可能发生债务）写在财务报表中。

看一个典型的例子，向其他公司做出债务保证的情况下，要标注这一债务保障的金额。而且，偶发债务真正成为债务的时候公司可能会遭遇相应的损失，比如因履行债务保证而造成损失的时候，应按照"将来发生的可能程度""损失金额的保价"，像图表9-1那样来解决问题。

有一条新闻至今仍清晰地存在我的脑海中，夏普被鸿海集团收购的时候，就处理了很多偶发债务。按照偶发债务的内容，有可能需要追加准备金。这种情况下，就会失去相当的利润，即使不需要准备金也应该在财务报表中做相应"注记"，如果没有注记，企业决算公开中就会出现问题。

这种偶发债务具有代表性，不仅仅是财务报表中和本篇内容相当的损益计算书、借贷对照表、现金流量表、股东资本等变动计算书，"注记"也具有重要意义。就像家电产品都会配套操作说明书一样，财务报表中也不能缺少注记。欧美的审计后财务报表中，添加的注记也是联结财务报表的一部分（The accompanying notes are an integral part of these consolidated financial statements），记录了财务报表和其中的注记是一体的。

# 第10章

## 会计规则的国际标准

## ◎会计世界中也在展开的"全球化"

会计是商业上的沟通工具，是语言，为顺利推进商业进程，会计是不可或缺的存在。本来，作为资金的付出方和承担方之间的沟通桥梁，就不应该被限定在一个国家之内。但迄今为止，会计受所在国法律制度、税务制度等国家经济和政治以及社会背景的强烈影响也是不争的事实。结果，会计制度在各个国家获得了独立的发展。

然而，企业活动、资金募集的国际化获得发展，人才、物资、资金的全球化不断推进，交易方的国籍也各有不同，这种情况下，会计规则和据此预估的公司业绩也从以一国的规则为基础开始谋求国际统一的规则。如果会计规则能够国际标准化，财务报表就可能实现国际对比、国际化资金募集也会更加容易，进而实现经营资源的国际化高效分配，有助于国际经济的发展。

作为会计规则的国际标准，近年来受到关注的是国际会计标准（IFRS）。虽被称为国际会计标准，但正确来说应该是国际财务报告准则（International Financial Reporting Standards）。2005年1月开始，欧盟在其区域内的上市公司中推广使用 IFRS 作为联结财务报表制作标准。以此为契机，IFRS 被推广到了世界范围，现在已经有100以上的国家和地区将其作为自己国家的会计标准或者采用以此为基础的标准。不仅仅是经济规模庞大的国家、发展中国家也采用这一准则。

日本不必选择是否采用 IFRS，因为日本的会计规则本身就在为了符合 IFRS 而逐渐变更。所以，日本现在的会计规则中也交织着大量 IFRS 的思想，今后这一倾向也不会减弱。

关于会计界潮流、作为会计准则的国际标准而得到认可的 IFRS，本章会介绍其概要和特征、IFRS 和日本会计准则的主要差异、IFRS 使用中的优缺点以及日本企业的适用案例。

## ◎ 围绕 IFRS 的世界和日本的动向

IFRS 是根据国际财务报告准则（International Financial Reporting Standards）和国际会计标准委员会（IASC）设定的会计标准（IAS 以及 IFRS）、由 IFRS 解释委员会

（IFRIC）以及 IFRIC 的前身解释委员会（SIC）发表的解释指南（SICs 以及 IFRICs）的总称。其中关于会计标准，由财务报表的制作以及展示相关的概念框架、从 IAS 第1号到 IAS 第41号以及从 IFRS 第1号到第16号（2016年4月）的个别标准书构成。

IFRS 设定主体（称为 IASB）是独立的民间专业组织，其成员由各国的会计标准设定委员和监察机构的代表人、会计领域的实务经验者以及专家等组成。而且，各成员和欧洲委员会、美国证券交易委员会（SEC）、各国机构和中央银行、民间企业、分析专家和学者等严密协作的同时，应该提高财务报告的透明性、致力于制定高品质的会计标准。

如上所述，现在有100个以上的国家和地区把 IFRS 作为自己国家的会计标准或者采用以 IFRS 为基础的会计标准。

2007年11月，美国证券交易委员会（SEC）发表了废除了针对外国民营注册企业制作美国会计准则调整表的决定，而开始聚焦世界的 IFRS，更进一步加速了 IFRS 的推广进程。而且，现在美国的上市企业财务报告制度中也在讨论如何使用 IFRS。

在日本，企业会计准则委员会（ASBJ）实行的聚焦计划正在推行，即使是日本企业，今后也会更重视对应国际标准的重要性。

| 日本的动向 | ⋮ | 欧美的动向 |
|---|---|---|
| | 2002 | ▶2002年10月 诺沃克合意：<br>FASB和IASB发表了将来融合美国会计准则和IFRS的合意 |
| | 2003 | |
| | 2004 | |
| ▶2005年1月<br>ASBJ和IASB达成合作意向 | 2005 | ▶2005年1月之后开始事业年度：EU规定区域内上市企业有义务适用IFRS<br>▶2005年7月：<br>CESR评价日美加的会计准则和IFRS大致同等 |
| ▶2006年10月：<br>ASBJ面向聚集发表了短期规划表 | 2006 | ▶2006年2月 MoU：<br>FASB和IFRS发布融合的最初进程表 |
| ▶2007年8月 东京合意：<br>ASBJ和IASB达成合意，计划在2011年末之前实现会计准则的聚集 | 2007 | ▶2007年8月：<br>SEC发布美国会计企业适用IFRS的相关概念 |
| ▶2007年12月：<br>ASBJ公布了以东京合意为基础的规划表 | | ▶2007年11月：<br>SEC废除了制作IFRS财务报表的外国注册企业必须制作针对美国会计准则的调整报表<br>▶2007年11月：<br>作为对概念的回应，FASB支持以改订IFRS为前提的美国企业适用IFRS。 |
| | 2008 | ▶2008年11月：<br>美国SEC发布了指导方案 |
| ▶2009年6月：<br>金融厅发布路线图 | 2009 | ▶2009年：<br>开始汇编美国的早期适用IFRS的企业 |
| ▶2010年3月31之后结束事业年度开始随意适用IFRS | 2010 | |
| ▶2011年6月：<br>金融厅表明从2015年开始强制适用的宗旨 | 2011 | ▶2011年5月：<br>SEC提醒将IFRS纳入美国准则这一新选项 |
| ▶2012年：<br>金融厅最终决定将IFRS义务化（？） | 2012 | 2012年：<br>最终决定在美国将IFRS义务化（？） |

引自 http://www.shinnihon.or.jp/services/ifrs/about-ifrs/ 新日本有限责任监察法人 Website

**图表10-1 IFRS 中的日本和欧美的动向**

## ◎借用和融合是什么？

越来越多的国家选择全面将 IFRS 作为本国标准（借用），另一方面，世界各地都出现了维持本国标准的同时逐渐缩小和 IFRS 差异的会计标准融合倾向。

借用是指单纯地将 IFRS 置换为本国标准。所以借用的情况下，如果向本国的管理当局提交法定财务报表，制作时就会采用 IFRS 作为本国的标准。

另外，转换是当作从本国原来的标准向 IFRS 转换、过渡或者引进 IFRS 时使用的词汇。也就是说，企业所在国实行借用 IFRS 时，企业就需要向 IFRS 转换。和后面介绍的融合发音相似容易混淆，但代表的意思完全不同需要多加注意。

对此，融合是指维持本国标准的同时，永久地将 IFRS 当作实质同等的标准使用。这种情况下，向本国管理当局提交的法定财务报表采用的不是 IFRS，而是采用被评定为实质同等的本国标准制作而成的。

对于现在的 IFRS，日本的方案是正式的融合。所以，日本上市企业向金融厅提交有价证券报告书时，其中包含的财务报表是按照和 IFRS 实质同等的日本标准制作而成的。

　　稍微详细点儿来说，问题在于如何判断是否是实质同等。这一点会根据实施同等性评价的主体不同而有所不同。2009年的问题是日本大量采用的同等性评价是 EU 的同等性评价，这里的同等性的意义"并不是完全同一（identical），而是虽然按照本国标准但投资者可以做出根据以 IFRS 为基础的财务报表时相类似的投资判断"。

## ◎ IFRS 的4大特征

　　IFRS 具有以下特征。

### 〈原则主义〉

　　IFRS 是以原则主义（原则·基础）为基础的会计规则。明确原理原则，不制定详细规则。与此不同，日本的会计准则和美国的会计准则采用的是细则主义（规则·基础）。细则主义因为设置了具体的规则，所以容易在现场进行会计处理，而且容易按照规则判断出之前一直适用或者不适用，但另一方面，对于记述规则采用了极限水准，可能会出现跳脱规则的情况。另外，对于这种跳脱行为再来设定会计规则会造成重复劳动，可能会增加成本负担。

原则主义中，个别具体的会计处理是按照原理原则的方针、分公司进行检讨、判断。而且，其好坏是由会计审计人来判断的。IFRS 中，各种会计规则的解释指南也是有限制的。所以，其中并不会设定这里讲述的详细准则，这就需要有人按照原理原则通过自己的判断来做出正确的会计处理。培养这方面的人才势在必行。


〈B/S 中心〉

日本以往的会计规则以 P/L 为中心。这是因为公司在决算中最关心的是"当期的销售额增长多少""盈利多少"，为了满足这一需求，便设置了能合理制作 P/L 的会计规则。与此相对，IFRS 以资产、负债研究的思考方法为基础形成会计规则。将期首和期末的净资产差额当作当期获得的成果（包含利润）。因此，适当地把握净资产的构成要素资产和负债是中心课题。

〈公正价值〉

资产·负债研究重视如何恰当地评价、测定时点的资产和负债。对此，以往的会计规则中存在财务报表的制作者——公司经营者判断和保价的余地大、计算出的利润受经营者目的左右的问题。所以，应该排除经营者的目的、随意性，按照公正价值进行测定、评价。据此设定的目标是提高企业间和时间系列财务报表的比较可能性。

〈财务报表注记〉

IFRS 中的财务报表本身添加了丰富的注记。因为IFRS 以原则主义为基础，所以会计中的个别具体的会计处理会按照公司进行讨论、判断。为了理解数值，需要将必要的前提条件等以注记的形式记录下来帮助读者理解其内容。而且，财务数值中没有反映出来的、金融商品相关的公正价值信息和风险信息的注记等企业风险和资产·负债的公正价值相关的注记受到重视。

像这样，财务报表本身没有反映出来，但在把握公司的财务实况时需要的信息会以注记的形式出现。

因此，相比现行的日本标准等，可以说注记的分量大幅度增加。因为其中也包含了所需的特别知识和解释，所以为了理解注记的内容，就要求读者能具备比现在更强的会计知识读写能力。

### ◎和日本的会计准则较大的差异是？

如上所述，IFRS 的基本概念和日本的会计准则之间的思考方式不同表现在具体的会计规则的差异。说明其中所有的差异并非本书的职责范围，但我们一起看一下差异的主要内容吧。

首先，代表的财务报表的名称、结构和以日本会计准则为基础的内容不同。

### 〈IFRS 中的财务3表〉

财务状况表（statement of financial position）

相当于借贷对照表。标示科目和配列等有些不同，但内容大致和借贷对照表相同。关于配列内容，日本会计准则中一般业务的公司采用的是流动性配列法（流动资产→固定资产的顺序），而 IFRS 中采用的是固定性配列法（固定资产→流动资产）。

净损益和其他包含利润表（statement of profit and loss and other comprehensive income）

相当于损益表。和日本会计准则一样，认可一计算方式（用1表表示净损益以及其他包含利润）和二计算方式（用其他表来表示净损益和其他包含利润）。和日本会计准则的主要差异如图表10-2所示。

| 项目 | IFRS | 日本准则 |
|---|---|---|
| 阶段利润的区分 | 不需要将净损益以及其他包含利润之外的阶段利润分开来表示 | 表示销售额总利润、营业利润、经常利润、税金等调整前当期净利润、当期净利润、包含利润等的阶段利润 |
| 特别损益 | 不认可 | 认可 |
| 非持续事业 | 非持续事业相关损益进行特别区分来表示 | 不需要对非持续事业相关损益进行区分表示 |

图表10-2

现金流量表（statement of cash flows）

现金流量表和日本会计准则中的现金流量表的形式和内容基本相同。

## ◎日本引进状况和引进目的

根据日本交易所集团的数据，2017年6月时，采用IFRS（包括预计采用的）的日本企业有152家。其中，已经使用的公司有125家，计划近期使用IFRS的公司有27家公司。

已经采用IFRS的（包括计划使用的公司）公司采用IFRS的目的是什么？

从公司发布的内容来看，大致有以下3个目的。

### 1.更容易和国外投资人沟通

计划从海外投资家募集资金的时候，通过使用它们容易理解的会计规则、用语、样式来展示公司的财务状况，自己募集手段多样化的同时，也能降低募集成本。而且，即使公司不考虑直接从海外募集资金，但近来外国投资人持有日本企业股票的情况引人注目。现在，据说外国投资人占了股东人数的四成，交易金额中的六成都是外国投资人来完成的。这样一来，即使以日本国内为活动中心的公司，也需要有意识地将外国投资人当作决算信息说明对象。

通过使用 IFRS，可以省去说明和日本准则之间差异的时间，更容易和外国投资人沟通。

## 2. 强化经营管理

随着全球化进程，对于在世界各地都有分公司的公司来说，需要一个可以横向评价分公司的标准。因为不同国家可能会有不同的会计规则，即使直接评价按照不同的会计准则制作的利润和资产金额也不会得到太多有用信息。相反，还可能会造成误解和判断失误。所以，集团整体采用 IFRS 为统一的会计标准。

另外，从提升比较可能性这一点来看，不仅仅是集团内部的比较评价，还可以在全球化的基础上和同行业其他公司之间进行比较。

## 3. 和日本准则之间的会计准则差

对于顺利使用企业并购的公司，通过更换成 IFRS 商誉价值也不再清偿。日本准则中，20年以内的一定期间内需要使用定额法等来进行规则清偿，所以如果通过企业并购产生了高额的商誉价值，今后商誉的清偿费用就会压迫营业利润。IFRS 不需要进行商誉清偿，因为需要检验是否要定期折旧，所以商誉的清偿费用负担就会减轻。

对于研究开发型的公司来说，日本准则中研究开发费用被当作发生时的即时费用处理。与此相对，IFRS 中研究开发费用比如开发阶段产生的费用中满足一定条件的部分不会被当作发生时的即时费用来处理，在记录资产的基础上进行摊销。所以，通过使用 IFRS，日本准则中费用处理上的研究开发费用可能会减少。

另一方面，日本引入 IFRS 的动向是整体上"一点一点"推进的，事实上并没有急速地展开应用。在这样的背景下，不能单纯"因为优点众多，所以要马上更改"，也应考虑如下实际情况。

〈增加了财务报表的制作成本〉

IFRS 是为了以金融商品交易法为基础来制作联结财务报表的会计准则。所以，以公司法为基础的个别财务报表依然按照日本标准来制作。因此，对公司来说，就需要按照2个标准来制作个别财务报表。对此采取了缓和措施，关于采用 IFRS 的公司，力求在金融商品交易法、公司法上达到个别财务报表以及注记的简易化。

　　而且，IFRS 是原则主义，所以公司具体采用什么会计处理方式，或者为了让财务报表的数字更加浅显易懂而记录的补充信息（注记）也做出了各方面的详细讲述。

### 〈花费大量的引入成本和时间〉

　　如上所述，IFRS 和日本的会计准则依然存在差异。而且，因为 IFRS 是原则主义，所以对于具体的事例并没有列出数值标准等详细章程。因此，公司需要设定按照 IFRS 处理公司经常发生的交易要具体采用哪种会计处理、所需票据是什么等。对于习惯了细则主义的人来说，也需要进行转换思考方式的教育研修。这个过程中，当需要现在还不具备的信息和票据时，可能会面临业务流程的重新评估甚至还需要置换公司内部的电脑系统。之后，为了构建能通过会计审计的架构，可能会需要向公司外部请求咨询协助。

## ◎日本适用 IFRS 的案例

接下来，为大家介绍几个已经采用了 IFRS 的公司，看看他们采用 IFRS 的目的、采用 IFRS 的结果、具体带来了什么影响。

### 〈ASUTERASU 案例〉（开发费计入无形资产）

ASUTERASU 制药株式会社从2014年3月开始改用 IFRS。公司发布的通讯稿中阐述了改用 IFRS 的目的，"本集团不仅仅在日本，也在美洲、欧洲、亚洲等全球地区积极开展业务。另外，本公司的股东中外国投资人的股票持有率超过40%，处于较高水平。从公司的事业发展以及股东构成等状况出发，以提高财务情报在资本市场的国际竞争力为目标，决定全面应用 IFRS。"

以 ASUTERASU 制药为代表的制药行业中很多公司在早期就采用了 IFRS。2016年6月，中外制药、ASUTERASU、武田、EIZAI、第一三共、小野药品、参天制药等7家公司采用 IFRS。制药公司采用 IFRS 的原因之一是研究开发费的会计处理方法。

在日本的会计准则中，本公司产生的研究开发费用在产生时就被记录为研究开发费。另一方面，IFRS中，研究开发费中满足一定条件的部分被当成将来能为企业带来经济收益的内容，所以被计入无形资产。因此，通过采用IFRS，之前被当作费用（销售费用以及一般管理费）进行会计处理的研究开发费的一部分被计入资产，这也成为提升利润剩余金和当期利润的原因。而且，因为改用IFRS，ASYTERASY制药2014年3月期的研究开发费减少了约230亿日元。但是，被计入无形资产的研究开发费用，从可能使用的时间开始到预计使用年数期间每期都要规律摊销，同时研究开发失败的情况下，需要折旧处理，也成为将来利润减少的主要原因。

〈JT的案例（商誉的非摊销）〉

JT从2012年3月开始应用IFRS，在日本企业中属应用较早的企业。不仅仅是JT，日本企业开始应用IFRS的一个重大原因是商誉的会计处理。在日本的会计准则中，商誉在20年以内的一定期限内进行规则性摊销，但在IFRS中商誉不进行摊销，取而代之的是一旦进行了受损测试，商誉的价值是否能够维持需要再行检测。所以，如果商誉没有损耗能减轻摊销费用的负担，对于积极推进企业并购作为成长战略的公司来说是一大福音。

JT 于2007年被英国 GARAHA 公司以约75亿英镑（当时约合1.78万亿日元）的价格收购，商誉大概计价1.75万亿日元。包括其他的企业并购产生的商誉，2009年3月开始每年要负担超过1000亿日元的商誉摊销费用。2012年3月期开始试用 IFRS，公布了每年大约减少了800亿日元的商誉摊销费用负担。当时的联结销售总额约2.5万亿日元，营业利润约4000亿日元，所以对业绩产生了非常大的影响。

〈电通的案例（销售总额的净额表示）〉

电通于2015年12月期开始应用 IFRS。其通讯稿中写道，"本公司于2013年3月收购了英国大型广告公司 Aegis Group plc（2013年3月26日变更商号为 Dentsu Aegis Network Ltd.），现在，作为一家在全球120个国家和地区开展业务的全球化企业正稳步增长。在这一进程中，为了提升在资本市场中财务信息的国际竞争力，开始全面应用 IFRS。另外，所有的联结分公司统一决算期、推进集团一体式经营，同时适时、适当地公开业绩等经营信息以进一步提高经营透明度，我们决定变更决算期"。同一时间，电通将决算期从3月变更为12月。

电通应用 IFRS 的契机也是海外大型并购带来的商誉摊销负担，但同公司的业务内容并没有同时向 IFRS 转移就会带来附属影响。

日本的会计准则和 IFRS 之间的差异之一是销售总额的总额/净额表示。所谓的中间人手续费交易那样的代理人的交易不是销售额和进货总额，而是将从其交易中获得的中间人手续费部分作为销售总额记录在净损益以及其他包含利润计算书中。行业中，像电通这样的广告代理商、商社和百货店等与此相符。三菱商社、住友商事等大型综合商社也已经应用 IFRS，但和电通一样发生了相同内容的影响。

随着 IFRS 的应用，电通初年度的销售额减少了1.67万亿日元。应用前按照日本标准的销售总额大约2.3万亿日元，实际上销售额减少了72%。不过，销售总额表示的只是从总额到净额的变化，所以公司剩余的利润并没有发生变化（但利润率得到了改善）。当时有报道称电通的销售总额从行业第一跌落到行业第二，然而，在比较采用不同会计标准的公司销售总额时要多加注意。

# 后　记

　　我从事上市公司的会计审计工作近20年。公司规模成长，业务范围也会扩大，关于会计规则的解释，也会经常被拿出来和负责公司的经理部门等专业部门反复讨论。而且，从推动了 IT 等新技术发展的商业逐渐兴起、国际会计规则的融合等观点来看，日本的会计规则越来越复杂。作为一名会计专家，置身于这样的环境之中，对知识的好奇心得到了满足。同时，会计的重要目的之一是向公司外部企业利害关系人提供公司经营成绩和财务状态、为他们的投资决策提供判断依据，如果从这一点来看，商务人士对这么复杂的会计规则能理解多少呢？我持怀疑态度。

　　在顾彼思学习会计，能获得直接接触商务人士的机会。当初，我震惊于有那么多人不了解会计的基本知识。其实，仅需理解少许知识，大部分人就能读懂公司财务报表中的数字。我在课堂上围绕会计规则和会计审计的现状进行的说明，常常都能帮助大家理解"为什么要采用这样的制度""不应该这样吗"等问题。即使不知道详细的会计用语和规则，只要理解了基本的部分，就能和专家进行充分的讨论。实际上，大多数的商务人士都觉得会计晦涩难懂。

另外，公司经营也是如此。公司不仅仅是一部分人发挥作用。可能容易被人误解，但会计不是专门部署的独立存在的部门。实际上，日积月累制作出数据的是营业、生产、采购、研究开发等现场部门。财务部门收集数据的时候，数据已经确定了。为了使公司的数据更好，就需要现场的人理解会计。做什么会让数据更好、做什么会让数据恶化，如果能理解日常活动和数据的关系会更好。详细情况咨询财务等专门部门即可。能积极促进现场部门和财务部门沟通的环境对改善公司整体的销售额增长率、收益率、效率性等的数据息息相关。如果本书能在帮助担负着企业将来的商务人士进行会计知识普及中起到一点作用，我深感荣幸之至。

最后，书写本书的过程中承蒙各方人士的帮助。其中，从企划到书写的陪伴、编辑到出版的整个过程中，得到了

PHP 研究所的池口祥司、宫胁崇广、顾彼思出版局的大岛一树的鼎力相助。在此表示衷心感谢。另外，顾彼思商学院的同学们、会计财政学院的教师们，和大家日常交流中增长的见识也穿插在书中的各个角落。书写本书的过程中，我的心一直和大家在一起。最后，尽管因写书而忽略了家庭，但仍然得到了家人的支持，在此对我的家人表示万分感谢。感谢大家！

沟口圣规